いまいちなコーデのここだけ変える着こなし術

1分でおしゃれ

ファッションプロデューサー
MB

ポプラ社

はじめに

「トレンド」を無視しておしゃれは成り立たない

２０１５年、男性のおしゃれの概念を言語化、法則化した書籍『最速でおしゃれに見せる方法』を出版しました。

メンズファッションで一番大事なことは「ドレス（大人っぽさ）とカジュアル（子供っぽさ）のバランス（ドレス７：カジュアル３）」だということを提唱し、シチュエーションやアイテムによる、その「最適なバランス」の取り方をお伝えしました。

それから、多くのファッションに関する書籍を出版し、メルマガはもちろん、最近ではＹｏｕＴｕｂｅチャンネルをはじめとしたあらゆる媒体で、日本人のファッションリテラシーを上げるため、「おしゃれ」のロジック、「カッコいい」

のルールを発信し続けています。
おかげさまで、私の掲げたロジックを知って、客観的におしゃれになったり、服選びがラクになったり、自分に自信が持てたり、人と会うのが楽しくなったり、恋人ができたり、仕事がうまくいったり……そんな反響を多くいただき、人生が好転した男性が増えたことは嬉しく思います。
一方で、ここ数年、特に感じている「一抹の不安」もあります。
2023年でMBとしておしゃれ指南の活動をはじめて、丸10年になります。初著書の『最速でおしゃれに見せる方法』を出版して、もう7年以上経ちました。
こうした活動を生業にしている立場から街を見れば、「おしゃれ」な男性は確実に増えたと実感しています。
しかし、それと同時に「おしゃれをアップデートできていない方」も多いのではないかと感じるのです。端的に言うと、おしゃれな男性が増えた分、「時代遅れ」の着こなしをしている人が目についてしまうのです。
おそらく、10年前のトレンドアイテムだけでそのままコーディネートしていたら、周囲の人には「なんかダサくない……?」「野暮ったいな」と思われてしまうことでしょう。

30〜40代の方が、青春時代に流行ったアイテムを何も考えずに着ていたら、おしゃれに無頓着な「おじさん」の完成です。

このように、特に初心者〜中級者の方の「おしゃれに見せる」を阻むもの、それが「トレンド」です。

トレンドを無視しておしゃれは成り立ちません。

大前提として、「おしゃれ」「カッコいい」という感覚は、年度、時代ごとに変わっていきます。もちろん、1年ごとにガラッと変わるようなことはありませんが、服のトレンドというものはゆるやかに変化していくのが常です。

必ず時代にあわせて「おしゃれ」「カッコいい」という価値観は変化します。その変化に対応できないからこそ「ダサい」となってしまうわけです。

ただ「トレンドが超大事」という話をすると、「服やアイテムを毎年、毎シーズン、たくさん買わないといけない」と思って、「そんなのムリ、ムリ!」とハードルが急に高くなってしまう人もいますが、けっしてそういうことではありません。

今の時代の「カッコいい」という価値観がわかっていれば、それでいいのです。この「価値観」「感覚」が（少しでも）わかっていれば、手持ちの洋服でトレンドライクな着こなしは十分可能です。

脱ストリートウェア。フォーマル路線へ

「トレンドは10年スパンで大きく変わる」ということが定説ですが、まさに今、ファッショントレンドは変革のときと言えます。

本書でも解説していますが、ストリートな着こなしから徐々にフォーマルでクラシカルな装いに軸足が移っており、確実に変化が起こりはじめています。

数年前からは

・「エアマックス」などの１９９０年代トレンド再燃
・「シュプリーム」などのストリート志向
・ビッグシルエット、グラフィックＴシャツ

など、いわゆる「ストリートファッション」が全盛の時代。

しかし、それも少しずつ鎮火していき、ストリートの反動で今度はフォーマル志向のドレスライクなトレンドが浮上しました。

どうでしょう。数年前から、街中で「スラックス」を履きこなすおしゃれな男性を多く見かけませんか？　普段着でシャツをタックインする人も当たり前になってきましたよね？

スニーカー一辺倒だった足元にもカチッとした革靴が増えてきました。テーラードやセットアップのスタイリングはもちろん多いですが、カジュアルウェアでもドレープ（ドレスライクな布のゆるやかなたるみやヒダ）や光沢を意識したものが非常に多くなってきています。

これが10年前なら、

「スラックスを普段着で穿いていいの？」

「タックインってダサくない？　おじさんっぽくない？」

といった声が大多数であったはずです。今ではスラックスもタックイン（どちらもフォーマル・ドレスのカテゴリ）もおしゃれという文脈に溶け込みすっかり市民権を得ています。

しかし、こういった大きなトレンドの流れに突如出現したのが「新型コロナウイルス」です。

２０１９年頃、確実に街の気分はストリートスタイルからドレスに傾いていました。

しかし、「コロナ禍」となり、人々の行動は制限され、ファッションのトレンドは停滞を余儀なくされます。それも当然です。ファッションは他人との比較によって成立するものです。「差別化」の先に、それぞれのおしゃれの答えがあると言えます。

他人（のファッション）が見えないことには、なかなかトレンドが活性化しないのは明白でした。

こうしてコロナ禍に代表される「おうち時間」が増えていくなか、実情に適さない「フォーマルライク」な着こなしよりも、リモートワーク、自宅での趣味、ちょっと近くまで買い物に行く、近所を散歩する、公園で遊ぶ、家族や近しい人に会う……などに適した「リラックス」な装いが支持されるようになりました。この間は、ルームウェア風な着こなしを目にすることが本当に多かったです。そういう意味では、「ストリートトライク」なトレンドに半歩下がった、という印象でした。

2021~2023年、新型コロナウイルスについては予測が立てづらく、感染状況も拡大と縮小を繰り返しています。

ただ2021年春夏から少しずつ、リラックスウェア、ルームウェア的なトレンドから、再び本筋であるフォーマルのトレンドに回帰している印象です。2022年春夏以降の段階では、「フォーマル&リラックス」がトレンドだと言って、大きく外れていることはない状況だと思います。

価値観のチューニング

ファッションの価値は「モノの価値」と「着こなしの価値」でつくられています。

「お金をかけてもおしゃれにならない」とはまさに真理で、モノの価値が突出していても、着こなしに時代感がないと、絶対におしゃれになりません。「ブランド品で全身を固めても、おしゃれになるとは限らない」のは皆さんもすぐにイメージできるでしょう。

時代遅れな着こなしにならないためには、「価値観のチューニング」が必要です。本書では、おしゃれのさまざまな悩みとその解決法（ビジュアルでわかりやすく構成）をベースに、「なぜ今これがカッコいいのか」「なぜ今みんながこの服を着ているのか」「なぜこの着こなしに注目したほうがいいのか」などを論理的に解説し、皆さんの「おしゃれの思考」をチューニングできればと思います。

改めて、まず覚えておくべきは「ストリートからドレスに進んでいる」ということです。この感覚を頭の片隅に置きながら、ロジックを実際の着こなしに落とし込んでいきましょう。

できるだけわかりやすい形で、幅広い方々に価値観のチューニングをもたらすのが、本書の最大の役目です。

昨今のコロナ禍を経て、再び「誰かと会う」ことも増え、「おしゃれ」を意識する機会が日常的に出てきたなかで、

・そもそも「トレンド」が何かわからず、何を着ればいいのかわからない方
・数年前の服ばかり着ていて、「何か時代遅れ？」と不安になっている方

・なんとなくトレンドはわかっているけど、実際何を着ていいかわからない方
・気づけば、いつも周りと同じような格好で、「地味」「普通」になってしまい、おしゃれを楽しめていない方

こういったおしゃれの不安や悩みを抱える方たちにとって、実践的な本書の内容が役立てば大変嬉しく思います。

1分でおしゃれに

本書を読んでいただければわかりますが、「トレンド」と言っても基本的な話はまったく難しくありません。

各論は「1分」で理解できるほどシンプルですし、「1分」でおしゃれになるトレンドライクなアイテム選び、着こなし術を紹介しています。

本書では、前述のようなお悩みを38の具体的なケースに分けて取り上げています。

各お悩みでは、「いまいちコーデ」と「おすすめコーデ」という形で、コーディネートのビフォー&アフターをイラストで説明しています（「おすすめコーデ」は

『服を着るならこんなふうに』の縞野やえさんに描いていただきました)。

これらのイラストを眺めるだけで、コーディネートの変化がパッと見でわかり、1分もあればトレンドを意識したおしゃれが何なのかが理解できると思います。ちなみに、「おすすめコーデ」のカラーのイラストは17~36ページに一覧でもまとめていますので、各お悩みの解決策と一緒にご覧ください。

本書を読んだあとには、ショップでもネット通販でも「本当に使える服」や「自分に似合う服」が一瞬で判断でき、自信をもって決められるでしょう。けっして、難しい最先端のおしゃれの話をするわけではないので、安心して読み進めていただければと思います。

今のように不安定な時代においても、「1分でおしゃれ」になる人が1人でも増えれば、街や人は今まで以上に色づき華やかになります。「トレンド」も活性化してまわりはじめます。社会全体もポジティブな方向になるはずです。

皆さんにとっての「おしゃれ」が、人生や生活をより充実したものにする1つのきっかけになることを願っています。

第1章 悩みをトレンドとロジックで攻略！ 1分でできるおすすめコーデ

第2章／アイテムの「ここ」を意識すれば最短でおしゃれになる

第3章 いまいちな印象をひと工夫でおしゃれに！／悩み解消1分コーデ術

第4章

その服着るなら／ユニクロの秀逸アイテムに変えてみませんか？

＊参考動画について
本文【おすすめコーデ】のQRコードを読み取ることで、著者YouTube「MBチャンネル」より、各項目の参考となる動画をご覧いただけます。
アイテム選び、着こなし、コーディネートの参考にご活用ください。
※本書ですすめるアイテムと動画のアイテムが同じとは限りません。
※動画の情報は、動画公開時のものです。
※YouTube動画は削除、変更される場合がございます。ご了承ください。
※QRコードは株式会社デンソーウェーブの登録商標です。

YouTube「MBチャンネル」

＊本書の情報はすべて、2023年1月下旬時点のものです。
＊本書に掲載されているアイテムは著者の私物です。
　ブランド、メーカー、企業、店舗などへのお問い合わせはご遠慮ください。
＊着用イメージアイテムのクレジットは一部省略しています。

1.

→ 39ページへ

2.

→ 43ページへ

3.

→ 47ページへ

4.

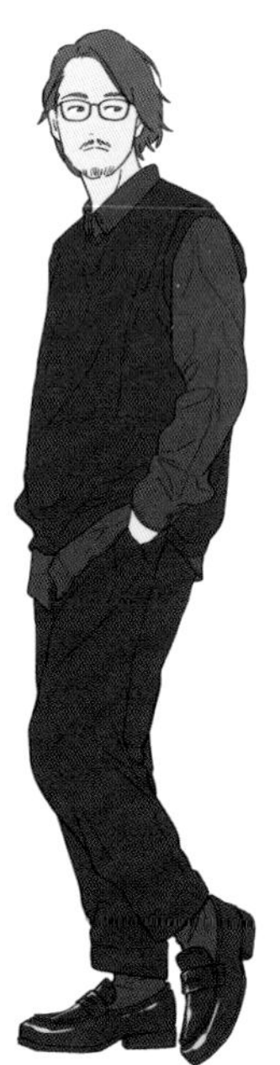

→ 51ページへ

5.

→ 55ページへ

6.

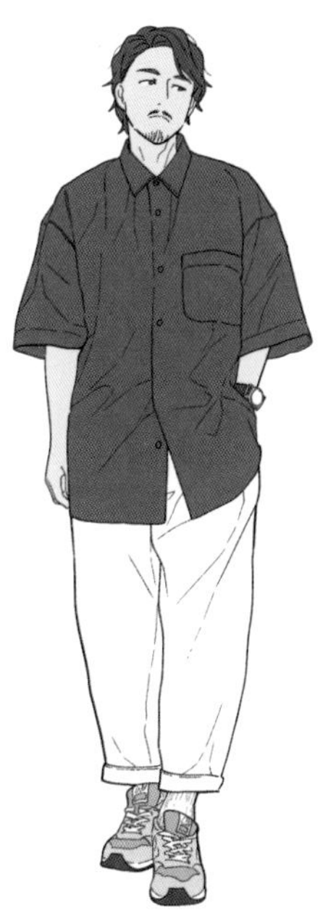

→ 59ページへ

7.

⟶ 63ページへ

8.

⟶ 69ページへ

9.

→ 73ページへ

10.

→ 77ページへ

11.

→ 87ページへ

12.

→ 93ページへ

13.

→ 97ページへ

14.

→ 101ページへ

15.

→ 107ページへ

16.

→ 111ページへ

17.

→ 115ページへ

18.

→ 119ページへ

19.

→ 123ページへ

20.

→ 127ページへ

21.

→ 131ページへ

22.

→ 137ページへ

23.

⟶ 143ページへ

24.

⟶ 147ページへ

25.

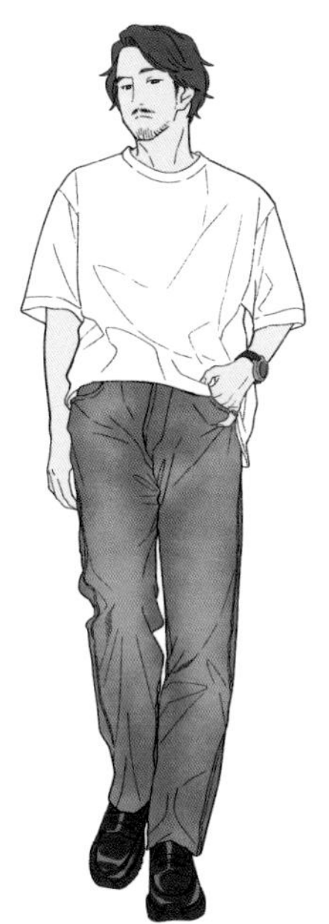

⟶ 151ページへ

26.

⟶ 155ページへ

27.

→ 157ページへ

28.

→ 159ページへ

29.

→ 163ページへ

30.

→ 167ページへ

31.

→ 171ページへ

32.

→ 177ページへ

33.

—→ 181ページへ

34.

—→ 185ページへ

35.

→ 189ページへ

36.

→ 193ページへ

37.

→ 197ページへ

38.

→ 201ページへ

a.

→ 91ページへ

b.

→ 161ページへ

c.

→ 195ページへ

d.

→ 205ページへ

第1章

悩みをトレンドと
ロジックで攻略！
1分でできる
おすすめコーデ

お悩み

1

Tシャツでドレスライクな品の良さを出すのが難しい

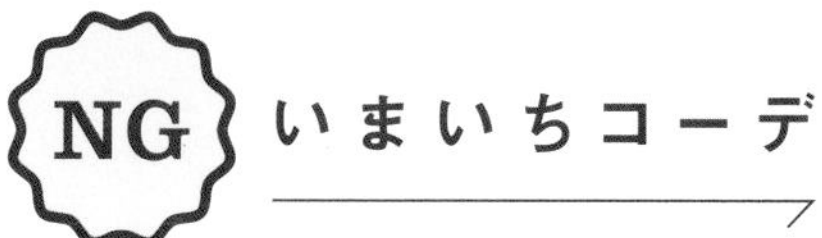

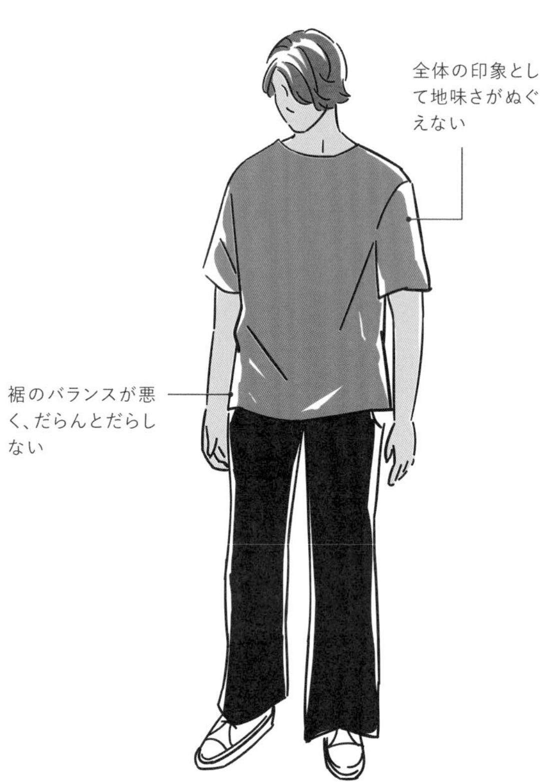

1分でおしゃれに

まずは、タックインするだけ

解決法

「タックイン＋ブラウジング」で簡単に上品にできる

おすすめコーデ

半袖シャツ、サンダル：レイジブルー／Tシャツ：グローバルワーク／パンツ：ハレ

参考動画
（タックインの方法）

Point

- □ シャツを羽織れば、タックインのハードルも下がる。
- □ ブラウジングを忘れずに！

タックインができないと不利になる時代に

アイテムが少ない夏でも品の良さを簡単に演出できるのが「タックイン」。スーツでは当たり前の着こなしで、それこそ、1分あればできるアレンジです。

タックインは、「ダサい着こなし」の代名詞として扱われていました。今も抵抗感がある人は多いのですが、実は現在ではマストとも言えるテクニック。**タックインするとおしゃれに有利になるのではなく、タックインができないと不利になると考えてください。**

以前、インフルエンサーの「プチプラのあや」さんとモテる服について話したのですが、「モノトーンでタックインがいちばん簡単にカッコ良く見える」と言っていました。

それでもまだ及び腰の人におすすめしたいのは、「タックインしつつアウターで隠す」着こなしです。39ページのようにインナーのTシャツだけタックインして、シャツを羽織ると、ナチュラルに隠すことができます。タックインが見えているのは前面のわずかな部分だけなので、これなら抵抗感なく実行できるのではないでしょうか。タックインによる品の良さもしっかり獲得できるので、まずはアウターで隠しつつトライしてみてください。

Tシャツ1枚の場合は、黒スラックスにタックインするのが基本形です。**これを覚えておくと、Tシャツが無地でなくプリント入りなどでもドレスとカジュアルのバランスを整えやすくなります。**

実は、タックインすると腰の位置が見えるというデメリットもあります。短足に見えがちになるのです。その対策としては、パンツと同じ色の靴を合わせてください。パンツと靴が同色だと同化して見え、脚が長く見える効果があるからです。基本形の黒いスラックスには、黒のスリッポンなどを合わせるのが定番です。

さて「タックインしよう」と言うと必ず、スーツスタイルのようにきっちりとトップスをパンツに入れる人が出てくるのですが、それはNGです。**必ず「ブラウジング」するようにしてください。**カジュアルなコーディネートのタックインはブラウジングとセットなのです。「ブラウジング」とは、ウエスト部分をフワっとさせる着こなしのことです。**いったんトップスの裾をパンツの中に入れて、少しずつ引き出しながら全体的にフワっとさせればOK。**ぜんぜん難しくありません。ブラウジングによる効果は、決めすぎた印象がなくなり、普段着らしくなること。また、トップスとパンツの境目がボンヤリして腰の位置がわかりづらくなり、短足に見えるデメリットが抑えられます。

お悩み

定番すぎるからか、白Tシャツを着ると地味な印象になってしまう

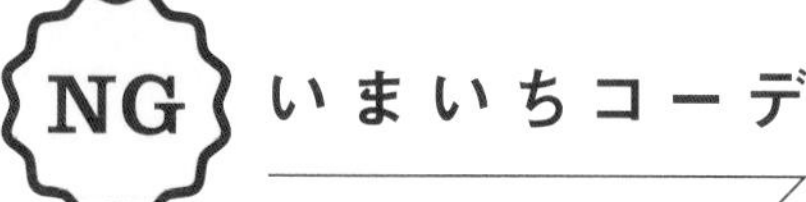

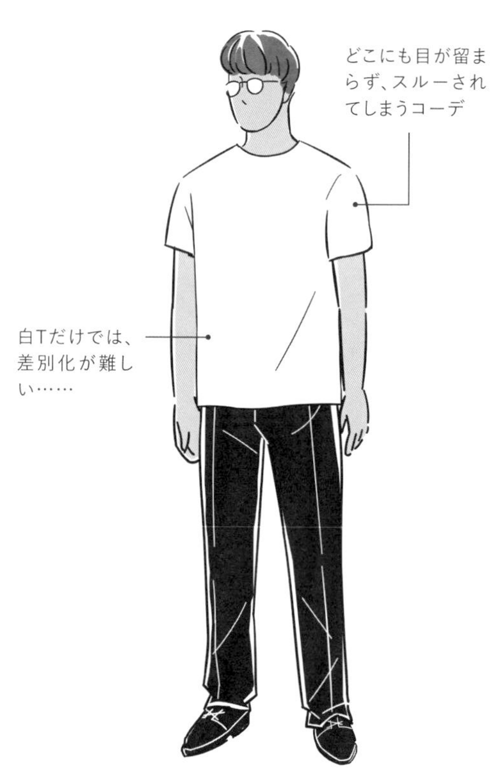

1分でおしゃれに

タックイン＋αで完成

解決法

「タックイン＋小物」を駆使してわずか一瞬で差別化！

おすすめコーデ

Tシャツ、スラックス、メガネ：ユニクロ／靴：ZARA

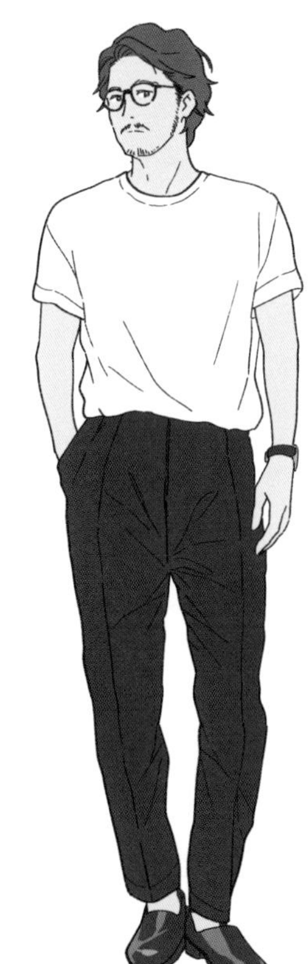

参考動画

Point

□ 目立つ部分に、小物をプラスオン！
□ メガネとエナメル靴で上品さを出して。

アイテムが増えるほど地味な印象は消えていく

「白のTシャツを使うといつも代わり映えせず、毎回みんなと同じようになってしまう」といった悩みを抱く方は多いと思います。それなら、ここで紹介するコーディネートやテクニックを参考にして差別化を図ってみてください。瞬時に印象が変えられます。

43ページで紹介したコーディネート例は、無地の白Tシャツに黒のスラックスを合わせたオーソドックスな着こなしがベース。ポイントは「小物」で、とくに目立つ部分に小物をプラスしています。

目立つ部分というのは「顔周り」と「足元」。人の視線は常に動いていますが、顔周りに加え、先端である足元にも不意に目が留まりやすくなっています。

今回は顔周りにメガネ、足元にはエナメルの靴をセレクト。エナメルは光が反射して光沢が増すので、簡単に高級感を出すことができます。

実は「地味な印象」と「コーディネートのアイテム数」は反比例の関係にあります。アイテム数が増えるほど地味な印象が消えていくのです。アイテム数を小物で増やしつつ、どうせなら目立つ部分に小物を。さらに、使う小物の上質感にも気を使えれば、大人っぽさをキープしたまま効果的に印象を変えることができます。

さらにもう1つポイントがあります。**それは「タックイン」。**メルマガを始めた当初からタックインを推奨していましたが、当時はあまり受け入れられませんでした。でも今は、街中でTシャツをタックインしている人が増えていませんか？ タックインのトレンドは絶頂期に差し掛かっています。みんながみんなタックインをするようになると、逆に差別化できずおしゃれには見えなくなってしまいます。**つまり、すぐにでもTシャツをタックインで着こなすべき。**早ければ早いほど、おしゃれに見える効果が長続きします。

43ページのコーディネートの応用としては、スラックスを太めのワイドシルエットに変える方法があります。

スーツスタイルというのは上下ともに細身で、そのシルエットに近づけるほどスーツっぽくて大人な印象になるのが原則。そのシルエットから外れる太めのパンツを選んでいるため、カジュアル感が強くなるというわけです。

昼のデートなら太めのパンツでラフに、夜のデートなら細めのパンツでスマートに、というように、TPOに合わせてパンツのシルエットを使い分けるのもおすすめです。

お悩み
3
シンプルなパーカは、どうしても着こなしが地味になってしまう

NG いまいちコーデ

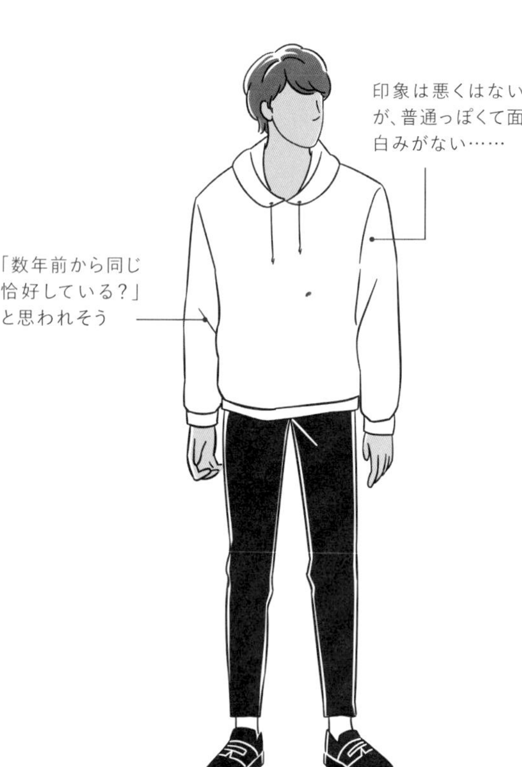

印象は悪くはないが、普通っぽくて面白みがない……
「数年前から同じ恰好している?」と思われそう

1分でおしゃれに

「L」の人は「4XL」を試着する

おすすめコーデ

解決法

思い切ったオーバーサイズでアレンジすれば最短でおしゃれに

パーカ：ユニクロ／パンツ：GU

参考動画

Point

- □ リラックス感が出て、今っぽい着こなしに。
- □「4XL」でも思ったより、全然大きくないことも。

実はあの人気ブランドの「M」に近い、「4XL」のユニクロの【スウェットプルパーカ】

実際のところサイズ選びでどのくらい印象が変わるのか、いい見本となるのが、**ユニクロの「スウェットプルパーカ」です。**

私は身長175センチ、体重64キロで、普段はLサイズがジャスト。当然ですが、Lサイズの「スウェットプルパーカ」でもぜんぜんダサくはありません。

ドレスとカジュアルのバランスを考え、カジュアルなパーカに対してドレスライクな黒のスキニーパンツと革靴を合わせるのがポイント。少なくとも合格点は取れるのではないでしょうか。

ただ1つ指摘をするなら、少し地味ではあります。また「なんかあの人、数年前から格好が変わっていない……」と思われる可能性もありそうです。**そんなときはやっぱり今は、オーバーサイズでアレンジするのがおすすめです。**

4XLを選んだイメージのコーディネートを見てください（47ページ参照）。大きく印象が変わっているでしょう。実際に着てみると、その変化がよくわかるはずです。

いわゆる「ビッグシルエット」の大きめのサイズは、体の線を拾わず体型が隠せるのが大きなメリット。また、リラックス感のあるトレンド性が加わり、地味な印象を払拭することもできます。

「さすがに4XLは大きすぎるでしょ……」「ダボダボでだらしなくなってしまうのではないの?」と思うかも知れませんが、まったくそんなことはありません。採寸を比べてみれば明らかです。

実は、リラックス感のあるシルエットで人気のオーラリーやコモリといったデザイナーズブランドのMサイズと同じくらいの大きさなのです。肩幅や着丈を調べてみれば、サイズ感が近いことがわかるはずです。

「4XL」という言葉にはインパクトがありますが、人気ブランドのMサイズに近いということを考えたら、怖がらなくても大丈夫です。ジャストサイズに飽きたら、ぜひ試してみてください。

しかもユニクロの「スウェットプルパーカ」なら4000円程度です。数万円するブランドのパーカで失敗するよりもダメージを少なくできます。もちろん、失敗はしないと思います!

お悩み
4
黒のワントーンコーデだと全体がのっぺりしてメリハリがない……

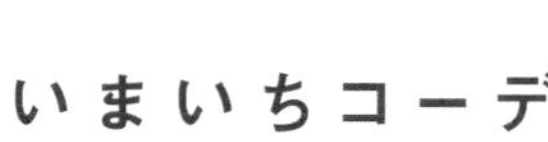

1分でおしゃれに

ニットベストを着るだけ

解決法

黒のベストを重ね着するだけでOK！インパクトが出て地味さを払拭

おすすめコーデ

ベスト、ソックス：ユニクロ／長袖シャツ、パンツ：ユニクロU／靴：ZARA

Point

□ 色の相性を考えなくていいので、レイヤードが簡単。

□ 白シャツにして、オフホワイトやベージュのベストでもOK。

ワントーンのコーディネートを地味に見せない最速の方法

ここで解説するのは、**無彩色、とくに黒のワントーンコーディネートをおしゃれに着こなす方法です。**

黒などのダークカラーのみでコーディネートをつくる人は多いでしょうし、私もそうしたコーディネートをすることはよくあります。

ワントーンでまとめると細かく色使いを気にする必要がないので、急いでいるときやコーディネートを考えるのが面倒くさいときなどは便利ではありますが、服全体がのっぺりした印象になりがちなのが難点。当然おもしろみに欠けて、地味な印象になる可能性も高いです。

それを防ぐためには、重ね着で変化をつけるのが有効と言えます。

カラーリングに気を使う必要がないワントーンのコーディネートなので、レイヤードするのも簡単です。

素材に変化をつけると、重ね着ならではの効果で着こなしの表情がわかりやすくなるので、シャツにはニット地のアイテムを合わせるのが最適。**最近はユニクロもニットベストを出しているので、積極的に使ってみてください。**

ニットベストは簡単にインパクトのある重ね着ができますが、着こなすのが難しいと思っている人も多いようです。**しかし、同色や同系色でまとめればそんなに難しくはありません。**

51ページのコーディネートのように、黒のシャツに黒のニットベストを合わせても良いですし、もし白いシャツなら色味が近いオフホワイトやベージュのニットベストを合わせればOKです。

同色や同系色でまとめるとシャツとベストが一体化します。シャツ生地とニット生地で切り替えた1枚のトップスのように見えませんか？　**こうなると作為的には見えず、ナチュラルで違和感のないコーディネートに仕上がります。**

ダークトーンをメインにしたシンプルなコーディネートは複雑に考える必要もなくつくりやすいです。もちろんそれが悪いとは言いませんが、今の時代、のっぺりした印象が気になったり地味でちょっと飽きたりした場合は、ニットベストなどを活用した重ね着で変化をつけてみましょう。

お悩み

5

「色で遊びたい」のですが、なんか子供っぽくなってしまう

NG いまいちコーデ

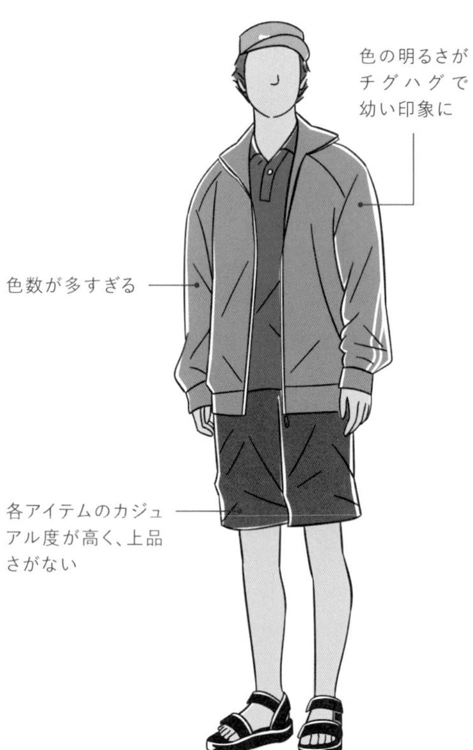

1分でおしゃれに

抑えめなカラーで統一感を

「色味が弱い」アイテムを揃えて工夫する

おすすめコーデ

シャツ：GU／ショートパンツ、ミニショルダーバッグ：ユニクロ

Point

□ ブルーもパープルもダークトーンで大人っぽく。

□ シャツを着ることで、全体にドレス感を出して。

「色の強さ」を意識しましょう

夏は色彩で遊びたくなる気持ちはわかります。色で個性をあらわしたいときもあるでしょう。しかし、何も考えずに着てしまうと、54ページのような「カラフルコーデ」になり、とたんにダサくなってしまいます。

万が一にも、こんな状態にならないために、実行する前に色使いのセオリーを押さえておくのが必須。**ポイントは「色の強さ」を意識することです。**

まず、もっとも大人っぽいのがモノトーンの「黒」と「白」です。それとは反対に、色味が強くて派手な「原色」は子供っぽくなります。

ドレスとカジュアルのバランスを取りつつ、少しドレスライクで大人っぽくまとめるとおしゃれに見えるので、コーディネートの色は黒や白を中心にするのが基本。色味の弱いベージュやカーキ、ダークトーンを使っても大人っぽい印象にまとめやすくなります。ただし、それでは遊びや個性を色で表現するのが難しくなります。

遊びや個性を演出するために原色系カラーを使う場合は、そのほかの色は大人っぽい色に留め、バランスを調整するようにしましょう。コーディネート全体で少し大人っぽいバランスになるようにすれば、おしゃれな印象にまとまります。

ここまでの基本的なセオリーは把握できたでしょうか？　そんなに難しくはないと思いますが、**細かく考えるのが面倒な場合は「強い色（原色）は1色までで、ほかはモノトーンにする」というように単純明快なルールをつくってもいいでしょう。**結果として、色の強さを意識しながら全体のバランスが整えられればOKです。

そして、ここからが応用編で55ページのおすすめコーデの着こなしテクニックとなります。「色で遊びたい」というお悩みを意識して、ブルーとパープルを中心にコーディネートを組み立ててみました。**まず、どちらの色もダークトーンを選んで少し大人っぽくしているのがポイント**（あえて強い色は入れていません）。黒に近くて色味が弱いカラーを選んでいます。さらに、靴と小物類（ボディバッグなど）を黒にして大人っぽさを足している点も見逃さないでください。

また、トップスをTシャツではなくシャツにしているのもポイントです。色が少し子供っぽい分、アイテムのデザインで大人っぽさを補完しているのです。色の強弱に加えてデザインまで考慮してバランスが整えられると、使える色のバリエーションが広がります。

お悩み
6

太めのテーパードパンツを選ぶと全体的に不格好になる

NG いまいちコーデ

1分でおしゃれに

「ロールアップ」で足首を見せる

解決法

「ロールアップ＋色のつながり」で脚長&細身に見せる

おすすめコーデ

シャツ、パンツ：GU／靴：ニューバランス／ソックス：ユニクロ

Point

□ 白パンツ＋白ソックスで下半身を一体化。
□ 同色系のスニーカーで、さらに脚長効果アップ。

「白パンツ＋白ソックス」を使い全体をすっきり見せる

リラックス感がありながら足元はすっきりして見えるワイドなテーパードパンツは、自然に穿きこなせると今っぽさを打ち出せます。ただし、ワイドさだけが目立ってだらしなく見えてしまっている人も少なくありません。

とくに春夏シーズンに活用したい白や明るいトーンのワイドテーパードパンツは、膨張色でずんぐりした印象になりがち。

敬遠している人も多いかも知れませんが、うまく穿きこなせるとそれだけでおしゃれなので、おすすめのテクニックを実例で解説します。

原理は意外と単純なのですが、白パンツをロールアップして白ソックスと色のつながりを生み出しているだけ（59ページ参照）。

まさにものの1分程度で完成します。白＋白というカラーの統一感によって一体化して見え、脚長に映るのです。

さらに、スニーカーもほぼ同じ色味。境界線がぼけるので、さらに脚長に見える効果が

生まれています。

脚長効果だけを考えると白のスリッポンやローテクスニーカーなどでもいいのですが、あまりにも白の無地が続くと地味な印象が強くなってしまいます。今回はライトグレーくらいが最適解です。

また、ソックスを見せるためにパンツの裾をロールアップしていますが、**脚のなかでもっとも細いパーツである足首部分を見せることで、下半身の全体が細く見えるという効果にもつながっています。**

着用アイテムのイメージはGUの「デニムバルーンアンクルパンツ」、ユニクロの「50色ソックス」、ニューバランスの「996」。定番的なアイテムばかりですが、組み合わせと着こなしによってこんなにもおしゃれなコーディネートに仕上がるというお手本です。

ロールアップと色のつながりを駆使して脚長&細身に見せるという着こなしは、海外スナップでもよく見かける有効なテクニック。ステンカラーコートやチェスターコートなどのロングコートを重ねてもカッコいいコーディネートになるので、季節を問わず活用できます。

早速、太めのテーパードパンツを穿きこなしてみませんか？

お悩み 7

明るめのパンツを使った着こなしに必須のアイテムは？

いまいちコーデ

パンツの色と差がありすぎて、黒の革靴が浮いている
黒の革靴が、下半身の統一感をなくすことに（短足に見えがち！）

1分でおしゃれに

パンツと靴はできるだけ近い色に

おすすめコーデ

解決法

「茶色の革靴」を1足、準備すればOK

コート、シャツ、カーディガン、パンツ：ユニクロU／靴：ジェイエムウエストン

参考動画
（チノパンと茶靴）

Point

- □ 子供っぽくなるスニーカーではなく、革靴をチョイス。
- □ 茶色の革靴だったら、GUだってOK！

春の着こなしを楽しむために茶色の革靴を揃えよう

さて、とくに春など、**明るめのパンツを穿きこなす際の必須アイテムが「茶色の革靴」です。**トラッドやクラシックなコーディネートでは、明るいベージュやブラウンなどのパンツをよく使いますが、茶色の革靴を持っていないと、それに合わせる革靴がないという状況になります。

もちろん、コンバースの「オールスター」などのシンプルなスニーカーを合わせることもできますが、当然カジュアルな印象になってしまいます。そもそもベージュなどのパンツは色を使っているので、ドレスな要素を入れないとカジュアルになりがち。そこにスニーカーを合わせると、ますます子供っぽく見えてしまいます。ドレスな要素として、革靴が必要になるのです。

ドレスな要素が必要だからと黒い革靴を合わせると、ベージュのパンツとの色の差があり過ぎて靴が浮いてしまいます。パンツと靴の境界線がはっきりして、脚が短く見えやすいという弊害も。パンツと靴はできる限り近い色で合わせるほうが自然なので、明るいパンツが使いたくなる春は茶色の革靴が必須ということです。

もちろん、黒の革靴も必需品です。**ブラックやネイビーなどのダークなパンツには黒の革靴を。この使い分けができるとコーディネートがスムーズに組み立てられます。**

個人的に気に入って履いているのはジェイエムウエストンですが、ちょっと高価。コスパに優れるジャランスリウァヤや、さらに安価なZARA、GUなどでもかまいませんので、とにかく茶色の革靴を揃えておきましょう。

ただ、茶色の革靴を揃えようと思った段階で悩む人もいるようです。茶色の革靴と一緒に使うバッグやベルトも同じ色にしようと、小物もいっぺんに揃えなければいけないと考えるからです。**しかし、そこの色合わせは必要ありません。**

革靴、ベルト、バッグの色を合わせたほうがすっきりした印象にはなります。でも、それだけです。別に、茶色の革靴と黒のレザーバッグを一緒に使うのが絶対NGというわけではありません。そもそも「靴とベルトを色合わせしなきゃいけない理論」は、フォーマルなスタイルでの話。フォーマルとカジュアルを混同している人が多いのですが、そこは分けて考えましょう。

トレンドに遅れないように早めに革靴を準備しよう！

コロナの影響でトレンドの進行が停滞していますが、スニーカーの人気は収まりつつあります。大まかなトレンドをおさらいすると、コロナ直前のカジュアルの世界ではストリートにフォーマルウェアの要素が加わってきていました。

それに呼応して、足元のトレンドはスニーカーからフォーマルな革靴やブーツに移行。2019年の『ファッションスナップ・ドットコム』の記事では、東京コレクションでスニーカーの使用数が半分以下に減少しているというデータが紹介されています。

2021年の記事では、スニーカー中心のセレクトショップ『アトモス』を運営する会社の代表が、「スニーカーバブルが終わる予兆を感じている」という主旨のコメントをしています。ナイキを代表する「エアマックス」「エアジョーダン」「エアフォース」の人気が落ち着くと、「ダンク」に人気が移り、その後にスニーカーブームが収まるという歴史的な流れがあるそうです。そして、2019年頃から「ダンク」が注目されているので、そろそろ……というわけ。

コロナの影響もあるため正確に予測するのは難しいところですが、トレンド面も経験則も予想が一致しているので、**スニーカーのトレンドはそろそろ落ち着いてくるはずです。**ということで、「茶色の革靴」に限らず革靴を揃えておくのがおすすめ。早めに揃えれば差別化もしやすくなります。

GUの「リアルレザーオペラシューズ」。

革靴は高価なイメージがあるかもしれませんが、数年前からGUが革靴に力を入れはじめています。当初は合皮で試行錯誤していましたが、2021年のシーズンには、ついに本革の靴に本腰を入れてきました。本革にしたことで質感が良くなったというだけの話ではなく、もっとも変わったのはフォルム。伸びない合皮と違って本皮は足になじんでいくので、ギリギリまで細いフォルムが実現できるのです。

5000円以下のわりにはかなり出来が良いので、GUの革靴からでもぜんぜん問題ありません。ドレスな1足を早めに用意しましょう。

お悩み
8

暑い夏は、軽装でもおしゃれに見えるとラクなんですが……

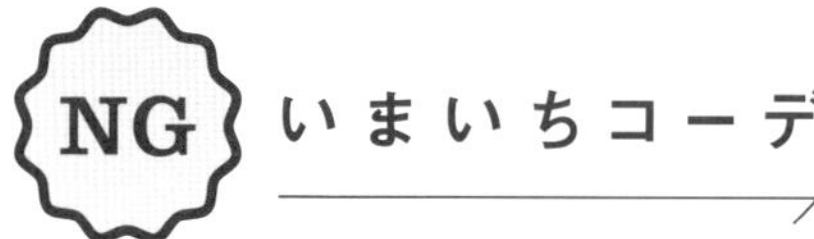

1分でおしゃれに

帽子をドレスライクにするだけ

解決法

最低限「黒ハット」さえあれば何とかなる！

おすすめコーデ

Tシャツ、パンツ、ハット：GU／靴：ニューバランス
※カラーは20ページ(8)参照

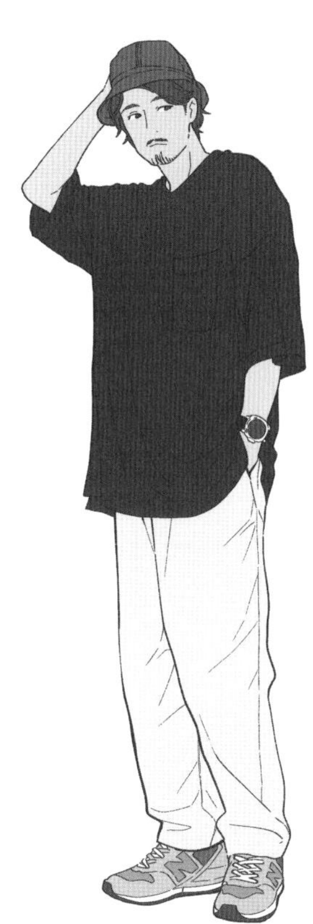

Point

- □ アウトドア風なバケットハットでもOK。
- □ 黒でシンプルなデザインがセオリー。

「黒ハット＝ドレス」「キャップ＝カジュアル」と覚えておけば、コーデを間違えない

さて、皆さんは黒いハットは持っていますか？　実は、黒ハットはフォーマルスタイルのお供。シルクハットほどフォーマルでなくても、ソフトな中折れハット（フェドラハット）などもドレスな雰囲気のアイテムです。

そんな背景があるため、アウトドアライクなバケットハットなどでも、黒色でシンプルなハットであれば大人な印象を演出することができます。

大雑把に「黒ハット＝ドレス」「キャップ＝カジュアル」と、単純化して覚えても間違いではありません。69ページのおすすめコーデのようにシンプルな黒ハットさえ被れば、コーディネートにドレスな要素が追加できるのです。

165ページでも解説しますが、そもそも暑い夏は周囲がみんなカジュアルになるシーズン。それより少しドレスライクにするだけで、十分おしゃれに映ります。気軽にドレスな要素を足すアイテムとして黒ハットはかなり便利なので、すぐにでも揃えておくようにしましょう。

ドレスな黒ハットと言うと価格が気になるかもしれませんが、冒頭で説明したようにバケットハットでもOK。GUでも優れものが見つかります。

最近で言えば、「メッシュコンビネーションバケットハット+E」は完成度が抜群でした。この手のハットはツバがヨレると一気に安っぽく見えるものですが、しっかりとハリ感があってまるでブランド品。

ツヤ感のあるナイロン素材も適度に大人っぽいムードでした。機能性も優れていて、部分的にメッシュパーツを使うことで通気性を確保。夏のハットは蒸れが気になりますが、これなら安心して被れます。

ちなみにハット類は、試着して確認してから買うのがおすすめです。似合うかどうかの個人差が大きいですし、主観的な好みも大切。**やはり、顔周りの大半を占めるアイテムで印象に大きな影響があるからです。**

似合う黒ハットを被りつつ、トップスまでドレス感をプラスできたら万全なので、Tシャツは無地で上質感あるタイプを選ぶようにしてください。ここまで揃えられたら、下半身は好きな服を着てOK。カジュアルさが強いものでもほとんど失敗することはないでしょう。

お悩み
9

シンプルなアイテムなのに、実際着ると似合わない気がする……

いまいちコーデ

1分でおしゃれに

基本の「Yライン」でメリハリを

解決法

似合うかどうかより、シルエットの「メリハリ」を意識する

おすすめコーデ

シャツ、パンツ：ユニクロU／靴：ジャランスリウァヤ
※カラーは21ページ（9）参照

Point

□「Yライン」のシルエットの基本に立ち返る。
□ 脚長に見せるため、パンツと同系色のローファーを。

オーバーサイズのシャツに中途半端なシルエットのパンツはNG

私は「似合う、似合わない論」は幻想だと思っています。それは、ほとんどのアイテムは着こなし次第でおしゃれに見せることは可能だからです。

サックスブルーのシャツにベージュのチノパンツを合わせる着こなしは、ここ数年、街を歩けば多く見かける定番的なコーディネートです。それほど定番なのに、自分が着ておしゃれに見えなかったとしても「自分には似合わないのか」で片づけないでください。「似合わない」ということはない、というのが私の考えです。

おしゃれに見える人と見えない人との差は、「似合うかどうか」ではなく、「基本を守っているかどうか」です。

さて、シルエットの基本はきちんと守っていますか?

73ページのおすすめコーデのシャツのイメージはユニクロUの「ワイドフィットシャツ(ボタンダウンカラー・長袖)」です。最近のカジュアルなシャツの主流はこうしたオーバーサイズ。そういう大きめのシャツに中途半端なシルエットのパンツを合わせるから、メリハリに乏しく野暮ったく見えるのです。

おしゃれに見せるには「Yライン」というシルエットの基本に立ち返りましょう。「Y」の字のように、上半身にボリュームがあるなら下半身はスリムにまとめるのが原則。上下にメリハリをつけることでおしゃれなコーディネートに仕上がります。

たとえば、パンツはユニクロUの「レギュラーフィットワークパンツ」のジャストサイズがおすすめ。**ゆったりしたシャツにすっきりしたパンツを合わせ、全体のシルエットで「メリハリ」をつけているのでさりげなくおしゃれに見えるのです。**

さらに、足元まですっきり見せるために、パンツの裾はクッションが入らない丈にしています。クッションが入るとラフな印象になってすっきり感が損なわれるからです。

また、下半身を縦長に見せるためにパンツと同系色のローファーを選択。スリムでスマートな印象を強調しています。

アイテムのデザインがシンプルでも、シルエットの基本さえ徹底すれば、こんな風におしゃれになります。

おしゃれになるために、凝ったデザインのアイテムは必要ありませんし、普通のアイテムが似合わないと諦める必要もありません。

お悩み

10

レイヤード（重ね着）がだらしなく見えてしまう

いまいちコーデ

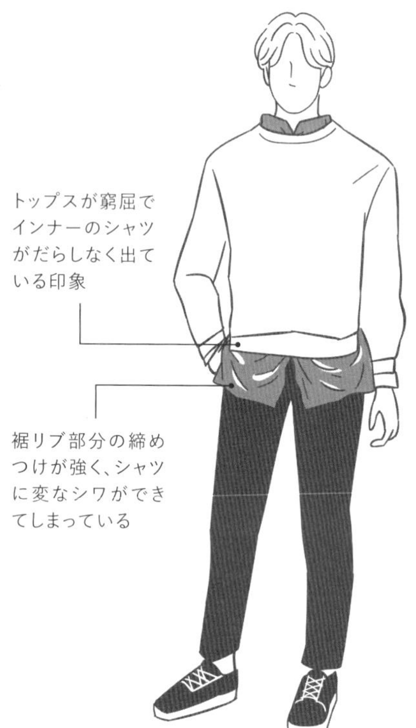

1分でおしゃれに

目に留まりやすいインナーの裾のシワをなくす

おすすめコーデ

解決法

インナーの「あそこ」だけは整える

プルオーバー、シャツ、パンツ、靴：GU
※カラーは21ページ(10)参照

Point

- □ 裾回りが緩めになるトップスを選んで、インナーにシワを出さない。
- □ シワになりにくい素材のシャツならより安心。

地味な着こなしに変化をつけるレイヤードの基本形

無難で地味な印象を脱却するには、「レイヤード（重ね着）する」「色柄で遊ぶ」「素材感で変化をつける」「小物を足す」などの方法がありますが、今回は簡単な「レイヤード」で変化をつける方法の注意点を解説します。

まず、ベースは定番的な白トップスと黒パンツのコーディネートです（77ページ参照）。シンプルなアイテムを単純に組み合わせただけなので、おしゃれだとは感じにくいはずです。そこから変化をつけるのにもっとも実践しやすいのは、**ロングシャツを使うレイヤード。**

プルオーバー型トップスの裾からシャツをチラ見せするテクニックです。

簡単ではありますが、注意点もいくつかあります。

まずはプルオーバータイプのトップスの「サイズ感」です。トップスのサイズが小さめだったり、裾リブ部分の締めつけが強かったりすると、インナーに入れたシャツが圧迫されて変なシワが寄ってしまいます。そうなると途端にだらしない印象になるので、**トップスのサイズを大きめにしたり裾周りが緩めなものを選んだり**

するのが基本です。

次は「シャツの素材」です。そもそもシャツがシワの入りやすい生地だと、レイヤードしたときにクシャクシャになってしまう可能性があります。

先端である裾がだらしないと目立ちやすいので、シワになりにくい素材のシャツを選ぶようにしましょう。

裾に限ったことではありませんが、アクセントになっている部分だからこそ視線が集まり、思っている以上に目立つのです。アイキャッチになる箇所だけでも、ヨレやシワがないインナーを選ぶようにしましょう。

ちなみに、おすすめコーデのインナーのシャツはGUの「オーバーサイズバンドカラーシャツ」をイメージしています。オーバーサイズで丈も長く、裾を出すレイヤードがしやすいアイテムです。また、シワが入りづらく、ダラしない印象になりにくくて重宝します。

こんなシャツを見つければ、簡単にレイヤードができるはずです。今回は白のトップスにベージュのシャツを合わせましたが、色使いは好みでOK。たとえば白×白もクリーンでおもしろいでしょう。

コラム　1分で決断できる！サイズ選び6つのポイント

よく「サイズ選びのコツを教えてください」「自分に合うサイズを決める方法はありますか」という質問をいただきますが、ここではサイズ選びの6つのポイントをお教えします。

「おしゃれに興味がわいて、これから服を揃えたい」「久しぶりに服を買い替えたい」といった場合、サイズ選びに迷いが生じて、なかなか買うことができない人も多いかと思います。

特にコロナ禍では外出も憚られるし何度もお店に足を運ぶわけにもいかない、ネットでお気に入りのアイテムが見つかったのに、と悩んでしまうことも多いでしょう。

全部で6つ重要なことを説明しますが、実は、最後の6つ目が何より一番大事です。

サイズ選びのポイント1
細身のパンツ「だけ」はなるべく試着する

まず一つ、「細身のパンツはなるべく試着しましょう」……と言っても、着用感やサイズ感がある程度想像できる場合はもちろんオンラインで判断して購入してもいいとは思いますが、「最初に買うブランドで右も左もわからない」上に「細身のパンツ」を試着なしで買うのはちょっと怖いです。

ルーズなシルエットのものなどであればサイズがズレてもさほど問題なく着用できるでしょう、またトップスも今のトレンドなら「本来MだけどLを買っちゃった」などでもおおむね問題ありません。

ただ細身のパンツ、特にスラックスの場合はサイズ感が命です。オンラインで買おうと思って通販サイトを見ても着用モデルのデータもさほど詳しくは載っていないですし、素材感や着用の印象どころか「何の素材か」の記載がないアイテムも珍しくないほどです。短文の商品説明でシビアなサイズ感のスリムパンツを選ぶのは本当に難しいです。

ですので、細身のパンツだけはなるべくでいいので、試着をすることを心がけてみてください。

サイズ選びのポイント2
トップスは迷ったら「大きいほう」を選ぶ

今のトレンドは「リラックスシルエット」です。今後数年この傾向は間違いなく続くでしょう。女性ウケも15年ほど前なら「ダボダボのスタイルって子供っぽくて嫌！」「細身がいちばん！」と誰もが信じて疑いませんでしたが、今ジャストサイズを着ると、逆に「ピチピチで気持ち悪い」と言われることもあります。少しだけゆとりを持たせたサイズ感を心がけるといいでしょう。

ただし「トップスとボトムスの上下ともゆったり」だとさすがにダボダボに見えがちですから、パンツはジャストサイズを意識してトップスは少しゆったりのバランスを狙ってみてください。

さらに言うと「S・M・L」の3サイズどれを選べばいいかわからないときって、どうしてもありますよね？　たとえば私も……175センチ64キロですが、MとLの中間くらいの体型です。ですのでMも入るしLでもいいのですがオンラインではどっちかで迷ってしまうときが多いのです。

そんなときは大概「大きいほう」を選びます。MかLか迷ったら「L」を。

本書の内容を読んでいけばより納得できるかと思いますが、少なくとも今後数年は「迷ったら大きいほうを」でおしゃれの正解に近づけると思います。

サイズ選びのポイント3
「採寸値」を過剰に頼らない

多くの通販サイトでは「採寸値」が表示されています。身幅・肩幅・着丈・袖丈などですね。

しかし、あの数値に頼りすぎてはいけません。

もちろん参考にはすべきですが……素材やつくりによっては「同じ身幅55センチなのに、全然サイズ感が違う！」といったことも起こります。生地の厚さやパターンなどでも見え方が変わってくるので……「身幅55センチだったら全部同じ」みたいに信頼しすぎると届いたときに「あれ？　なんかイメージと違うな……」となりがちです。

採寸値はあくまで基準でしかありません。頼りすぎるのではなく、サイズ選びのヒントの1つとして捉えてください。

サイズ選びのポイント4
好きなインフルエンサーを基準とする

私だけでなくインフルエンサーの方は身長体重をすべて開示した上で、動画や写真などで自分の体型を見せて、かつ選んだサイズをちゃんと教えてくれます。

これ以上なく「体型・サイズのマッチング基準」となるので、実は前述の「採寸値」などよりも余程参考になります。

たとえば私のメルマガを読んでいただければわかりますが「身長175センチ・体重64キログラム、ユニクロでは普段M～Lサイズ」などと書いてある上で購入サイズも記しているので、これを基準に「自分の体型だとどうだろう」と考えるといいでしょう。

コーディネートが素敵だなと思う、インフルエンサーの方を見つけ、その人のサイズ感を参考にしてみましょう。

サイズ選びのポイント5
返品は気軽に行う

選び方とは違いますが、大事なのは「返品」についてです。

通販では受注生産やセール品などでない限り返品を受けるのが普通です。もちろんすべて返品ＯＫなわけではないですが（通販にはクーリングオフはありません）、今は受けてくれるところのほうが多いのではないかと思います。

返品ＯＫなら、これは権利ですから、ちゃんと行使しましょう。「面倒くさい」と思わず、段ボールを開けて試着して「これは、ちょっと大きいな、小さいな」と思ったらそのまま説明の通りに戻すだけ。さほど大変ではありません。

また「お店に悪い」と思う人もいるでしょうが、実は返品ＯＫにしたほうが購買率が上がるというデータもあります。つまり店側は「サービス」ではなく「実利」として返品を許可しているので、ここに引け目を感じることはまったくありません。

ダメだったら返品する、交換する。通販はこのクセをつけておきましょう。今ではもう当たり前のことですから。

サイズ選びのポイント6
そもそも「合ってるサイズ」なんてありません

さてここまで「サイズ選び」について解説しておいてなんなのですが……実は洋服に「合っているサイズ」なんてものは存在しません。

そもそも全日本人男性の体型すべてを大まかに「S・M・L」というたった3サイズで分類できるなんて「ムチャクチャ」だと思いませんか？

人間の体ってそんなに単純でしょうか。考えればすぐわかる通り「S・M・Lのサイズ展開のなかから適正サイズを探す」ってどう考えても無理です。断言できますが、ほとんどすべての人が「サイズを間違って」います。

Mピッタリなんて体型の人はそもそも存在しませんし、Lが完璧なサイジングなんて人はいません。

通販の返品交換に慣れている人ならわかるはず。「Mが小さいな」と思ってLに交換してもらったけど今度は逆に「なんかLだと大きいな」と思ってしまう。いくらサイズ交換してもサイズを試しても「完璧にこれだ！」とシンデレラのガラスの靴のようなミラクルは起きないのです。

スーツの場合はこれを嫌うので「オーダーメイド」という仕組みが一般化されているわけですが、普段着のカジュアルの場合はこのサイズのミスマッチ問題を「コーディネート」という組み合わせの妙で解決しているのです。

「着崩し」「組み合わせ」「ハズシ」などあらゆる力を使って「合ってないサイズを合っている様に見せること」こそがコーディネートなのです。

サイズにこだわることは重要ですが、逆にこだわりすぎると今度は「答えのない問題」を延々解き続けることになります。

「そもそもサイズは合わないもの」だからこそ、コーディネートがあるのです。

ときにオーバーサイズなトップスに対してパンツを細身にしてバランスをとったり、時に袖が長いものを袖まくりしたり、着丈の長いものをボタンの開け方などで調整したり。おしゃれな人、服を買い慣れている人は、この「合わないサイズを自分で調整する」着こなしに長けています。

この意識はとても大事です。

「そもそもサイズは合わないもの」

こう認識してコーディネートを考えてみると、おしゃれの楽しさや面白さの幅が広がるはずです。

第2章

アイテムの「ここ」を意識すれば最短でおしゃれになる

お悩み
11
今着たほうがいいセットアップコーデがわかりません

いまいちコーデ

1分でおしゃれに

クラシカルなジャケットが今っぽい

解決法

トレンドのダブルジャケットでクラシカル路線に

おすすめコーデ

ジャケット、パンツ、ニット、靴：GU
※カラーは22ページ(11)参照

参考動画

Point

- □ ダブルジャケットでフォーマル感を強めトレンドライクな印象をつくる。
- □ リラックスサイズを選ぶのがポイント。

時代遅れ感のないセットアップスタイルのつくり方

「セットアップ」があれば、おしゃれなコーディネートを1分で完成できます。改めて「セットアップ」について解説すると、基本形は「同素材のジャケットとスラックスのセット」。いったんは、スーツの上下のことだと思ってもらって間違いありません。

スーツのなかにシャツとネクタイを入れて革靴を合わせれば、ビジネススタイルが完成します。それと同じように、セットアップにTシャツやシャツとスニーカーなどを合わせるだけで、普段用のカジュアルスタイルがすぐにでき上がります。まさに1分で完成すると言っても大げさではないほど便利です。

セットアップをおすすめする理由はほかにもあります。

おしゃれで大切なのは「ドレスとカジュアルのバランス」ですが、セットアップは「ドレス」なアイテム。そこに「カジュアル」なTシャツやスニーカーを合わせて着崩すと、「ドレスとカジュアルのバランス」が整います。自動的におしゃれなコーディネートとして成立するのです。

今回は、トレンドのダブルジャケットを着こなすイメージを紹介します（87ページ参照）。最近、本当にコスパが最強だと思ったGUの「ダブルブレストジャケット（チェック）SW+E」と「タックテーパードパンツ（チェック）SW+E」を例に挙げます。

これまでも述べてきた通り、現在のトレンドは、クラシックな路線となっています。今や、普段着でスラックスを穿きこなすのが「普通」になっていますし、テーラードジャケットを着こなすのは数年前からの主流です。

だからこそ、差別化を図りパッと見でおしゃれな印象を与えるのにおすすめなのが「ダブルジャケット」なのです。

ダブルジャケットは礼服に近く、よりフォーマルな印象でトレンド感が増します。しかし、ジャストサイズでかしこまりすぎては、オフスタイルでの違和感が出てしまうので、**サイジングはゆるめに。トレンドを意識したリラックスサイズがベストです。**

こうすることで、ドレスとカジュアルの絶妙なバランスがとれ、おしゃれなセットアップの完成です。

上下を揃えてもアンダー1万円なので、「ダブル」を着たことがない人もぜひチャレンジしてほしいです。

セットアップを使いながら差別化するおしゃれ戦略

セットアップの定番は「無地」の「黒」です。そこで、無地ではなく「柄」を選ぶことで、脱・初心者を図ることができます。ただし、「柄物を選べばおしゃれになる！」という単純な話ではありません。とにかくみんなと違えばいいというわけではなく、「理解される範疇での差別化」が重要です（ちなみに私はこれを「客観性のある差別化」と呼んでいて、ファッションだけでなくビジネスにもつながる話です）。

セットアップで柄を取り入れるなら「無地に近い柄」を選ぶのが肝心。赤や緑といった毒々しい柄は派手すぎて、無地のスーツを好むようなシンプル思考の人たちには受け入れられないからです。**無地を選ぶ人が多いなら、無地に近い柄を選ぶのが正解。クラシックなチェック柄や控えめなシャドーチェックなどがおすすめです。**

また、色で差別化することもできます。ただしここでも注意が必要で、闇雲に好きな色を選べばいいわけではありません。セットアップの定番カラーである黒やダークカラーは、表面が潰れて見え、素材の良し悪しがわかりづらいという特性があります。つまり、明るめの色を選ぶ場合は素材感に凝らなければなりません。ファストファッションブランドで色を差別化する場合はとくに、安っぽさが全面に出ないように注意しましょう。そんなリスクも踏まえると、**トレンドでもある暗めのカーキなどで差をつけるのがおすすめです。**

コーディネートで差別化する方法もあります。セットアップのインナーはTシャツが定番ですが、そのなかでも白いTシャツが圧倒的な主流です。だからこそ、**Tシャツの色を変えるだけで差をつけることができます。**

ベージュのTシャツは安っぽく見えないように注意。
※カラーは36ページ(a)参照

イチ押しは「ヌードベージュ」。「ヌード」は「裸」という意味で、肌の色に近いベージュカラーのことです。Tシャツをヌードベージュにすると、肌を露出しているようなセクシーな印象を打ち出すことができます。肌着やババシャツに見えない光沢のある素材感のヌードベージュTシャツを活用し、セットアップコーデを差別化しましょう！

お悩み
12

夏にジャケットではないセットアップを着たいのですが……

NG いまいちコーデ

生地が安っぽいと「パジャマ感」が漂うことに……
明るい色味（グレーなど）だと、生地の質感が目立ってしまう

1分でおしゃれに

ソフト生地のオープンカラーシャツ

解決法

「ジャケットではないセットアップ」は上質感のあるオープンカラーシャツで

おすすめコーデ

シャツ、パンツ：GU／靴：ニューバランス
※カラーは22ページ(12)参照

参考動画

Point

- □ GUで上下4000円以下のコーデも可能。
- □ 明るい色のスニーカーや白いソックスで軽やかさを演出。

「上質感ある生地」の夏用セットアップを着回そう

1分でおしゃれなコーディネートが完成するセットアップですが、ジャケットのイメージが強いので夏には向いていないと思い込んでいる人もいるでしょう。

しかし、夏にぴったりの「ジャケットではないセットアップ」もあるので、活用しない手はありません。

最近でコスパが圧倒的だったのは、GUの「ドライワイドフィットオープンカラーシャツ」と「ドライワイドテーパードイージーアンクルパンツ」の組み合わせ。何も考えずにおしゃれなコーディネートが築けるのに、上下の合計が4000円を下回っていました（93ページ参照）。

素材はポリエステル100%なのに天然素材のような風合いで、とくに黒はウールライクで美しいドレープが生まれる生地感に仕上がっているほどです。

ソフトな生地なので、大きめなシルエットでも肩が自然に落ちてダボダボすぎる印象にはなっていません。パンツもテーパードが効いていて、腰周りはリラックスしているのに足元はスッキリした印象。

しかも、ドライ、防シワ、イージーケアといった機能まで備え、夏でも着回しやすい優れもののセットアップでした。

たとえば**昼用にコーディネートするなら、白や明るいカラーのTシャツをインナーに差しつつ、スニーカーを合わせたり白いソックスを見せたりして、全体として軽やかなイメージに仕上げるのがおすすめです。夜用のコーディネートなら、革靴を合わせるのがいいでしょう。**ボタンを留めるなど、インナーを見せないように着こなすとドレスライクなムードがいっそう高まります。

こうしたポイントを抑えたセットアップを1着でも揃えておけば、夏でも悩むことなく簡単におしゃれなコーディネートが成立します。

シャツやシャツジャケットなどを使った着回しやすい夏用のセットアップを見つけて、大いに活用しましょう。

ただし、上がシャツのセットアップは1つ間違えるとパジャマっぽい印象になりがちなので注意が必要。**それを防ぐには「上質感ある生地」のセットアップを選ぶのを忘れないでください。**

13 トレンドを意識して、まずは持っておきたいパンツがわかりません

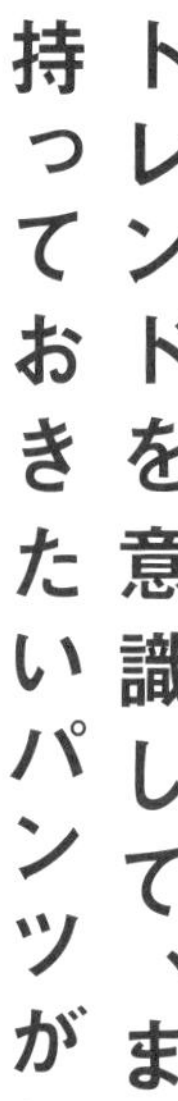

1分でおしゃれに

フォーマル路線を取り入れてみる

解決法

普段着仕様のスラックスで「今っぽさ」がランクアップ！

おすすめコーデ

ニット、パンツ：ユニクロ／靴：MB
※カラーは23ページ（13）参照

参考動画

Point

- □ 裾が細くなるテーパードシルエットが今風。
- □ 裾に自然なクッションをつけてビジネスすぎない印象に。

今っぽい普段着としてのスラックスの正しいサイズ感

コロナ禍が落ち着けば「フォーマル回帰」というトレンドが再始動するはずなので、その意味でもフォーマルライクなスラックスを今から用意しておくことが大切です。

今は質の高いリーズナブルなスラックスが増えてきているので、まず1つ自分のお気に入りを見つけてください。

最近もっともシルエットが美しいと思ったのがグローバルワークの「アーバンスラックス」です。

日本人の脚の形をよく研究していて、ウエスト周りは少しゆったりとしているのにルーズな印象がまったくありません。その一方、裾はすっかり細くなっていてスマートな印象。全体としてキレイなシルエットに仕上がっています。

肉感のある生地は高そうな印象を出し、伸縮性があってウエストの締めつけも感じません。この出来栄えなら、「シリーズ累計30万本販売」という人気もうなずけます。

また、ユニクロのなかで最強のスラックスなのではないかと感じたのが「ヒートテックスマートスリムフィットパンツ」です。

スリムながらも股上やウエストまわりはゆったりめで今風のリラックス感があり、裾はグッと細くなっているテーパードシルエット。ストレッチがきいていたり保温性が高かったりと、たくさんの機能性も備えています。

「ヒートテック」で生地に重みがあり、ストンとした落ち感が出るのもポイント。無駄なシワが出ないのに加え、半永久的なセンタープレスが上品な印象です。

こうした美しいシルエットのスラックスはビジネス用のジャケパンスタイルで使えますが、**今はむしろトレンドを意識しながらオフで使うのがおすすめです。カジュアルに穿きこなす場合は、ジャストサイズ&フルレングスを選びましょう。**97ページのようなイメージで裾を少しだけクッションさせることでビジネスライクな印象を消すのがポイント。足元にリラックス感を出すとオフのカジュアルなスタイルで穿きこなしやすくなります。

こう考えると、オン・オフ問わず着回すことができるので、コストパフォーマンス的にも必須のアイテムと言え、思い切ってカラバリーエーションを考え何着か揃えるのもいいかもしれません。

お悩み

14

フレアパンツの裾の広がり具合は、どのくらいがベストかわかりません

いまいちコーデ

1分でおしゃれに

ラングラーの「ランチャー」が初心者向き

おすすめコーデ

解決法

足元に、ほど良くリラックス感が出ればOK!

パンツ:ラングラー
※カラーは23ページ(14)参照

Point

□ フレアシルエットのパンツは穿くだけで新鮮さが出る。
□ どんなシューズでも比較的合わせやすいのがメリット。

旬なフレアパンツをおすすめする3つの理由

トレンドとして挙がっているアイテムのなかでも、とくに注目したいのが「フレアパンツ」です。裾が広がっているフレアシルエットのパンツは意外と穿きこなしやすく、穿くだけで新鮮な印象に。1分もかからずコーディネートを今っぽくアレンジすることができます。具体的な魅力は3つあるので、わかりやすく紹介しましょう（101ページ参照）。

1つ目は「合わせるシューズを選ばない」という魅力。

最近はダットスニーカーの流れもあって、ソールが分厚くてボリュームのあるシューズが多く出回っています。アンクルパンツやスキニーパンツなどにボリュームスニーカーを合わせると靴がやたらと目立ってしまい、極端な場合はどこかのキャラクターのように見えることも。また、パンツとシューズの境界線が際立って脚が短く映ることもあります。

その点、フレアパンツはボリュームスニーカーを適度に隠してくれるため、足元がスマートで大人っぽくまとまります。厚みのあるソールを合わせられるということで、脚の長さを盛ることも可能です。もしも体型にコンプレックスがあるなら、フレアパンツはおすすめです。

2つ目は「ワイドパンツよりも大人っぽい」という魅力。

ワイドパンツも裾が広いのでボリュームスニーカーを合わせやすいのですが、ワイドパンツはルーズな印象が強くなります。もちろんそれが特徴ですし、素材やアイテム選びで落ち着いた印象にすることはできますが、1つ間違えると途端にルーズで子供っぽくなってしまうのです。

一方、フレアパンツは裾だけが広く、太もも周りなどはやや細め。全体としてスタイリッシュな印象です。ワイドパンツよりも大人っぽいのに、裾は広いので合わせる靴を選ばないのがフレアパンツというわけです。

3つ目は「シンプルにスタイリングしても地味に感じない」という魅力。

裾が広がっているフレアシルエットは、新鮮なイメージがあります。たとえ無地のTシャツを合わせても地味にはならず、おしゃれな印象がつくれます。

地味な印象を脱却する方法はいくつかありますが、フレアパンツなら「穿くだけ」。しかもシルエットの変化なので、デザインがシンプルでカラーは定番のままでも大人っぽく「脱・地味」が図れます。

実際のフレアパンツを選ぶ際は、自然なフレア加減のシルエットを選ぶのが今の気分。昔のようにガバッと裾が開いているタイプは選ばないようにしましょう。ナチュラルに広がっている足元からほど良いリラックス感が生まれれば、こなれた雰囲気になります。

おすすめのアイテムはいくつかありますが、イチ押しはラングラーの「ランチャー」（105ページ参照）。ナチュラルなフレアシルエットでケアはイージー、値段もリーズナブルなので買って後悔はしないはずです。

フレアシルエットのジーンズなら、おすすめはリーバイスの「517」です。リーバイスのフレアシルエットというと「646」もありますが、こちらは裾が広いベルボトムタイプで上級者向け。一方、「517」は無理なく自然に広がっているシルエットで、抵抗なく使えます。

スラックス系ならラングラーの「ランチャー」、デニム系ならリーバイスの「517」からフレアパンツに挑戦してみてください。

さらに紹介すると、アクネ ストゥディオズはフレアシルエットのジーンズが充実。1970年代のデザインや色使いを踏襲しています。値段は少し高くなりますが、シルエットだけでなく色落ち具合も美しく洗練された印象なのが特徴です。

ラングラーの「ランチャー」。

ほかにも、メゾンスペシャルの「マルチファブリックスタプレフレアパンツ」など、最近はナチュラルなシルエットのフレアパンツが出ています。全体としては細身だけどよく見ると裾が広がっている……程度のシルエットでも足元にリラックス感が生まれるので、ここで紹介した3つの魅力に興味を持ったらフレアパンツにトライしてみましょう！

お悩み

15

ワイドパンツを敬遠しがちなのですが、大人が穿いてもOKなものは？

いまいちコーデ

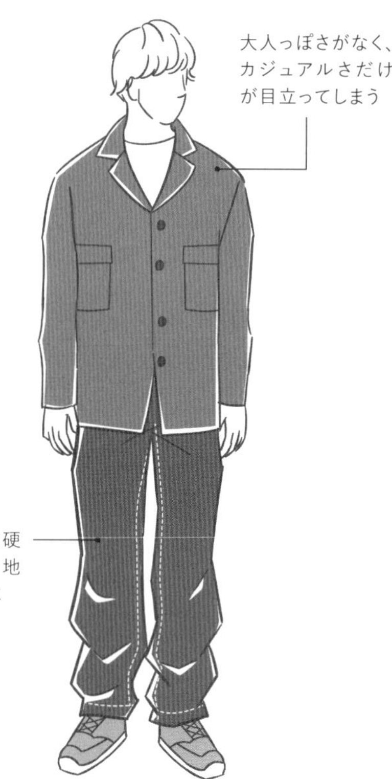

1分でおしゃれに

やはり黒で、落ち感のある生地を

解決法

リーズナブルなアイテムでもよいですが、「高級感」が出るものを！

おすすめコーデ

パンツ：ユニクロ
※カラーは24ページ(15)参照

参考動画
（ユニクロのワイドスラックス）

Point

□ 裾までワイドなタイプが苦手なら、テーパードでもOK。
□ 黒でなくてもダークな色で落ち着きを出すのが基本。

大人が穿くべきワイドパンツの3か条

今っぽいリラックス感が演出できるワイドパンツですが、ルーズな印象が強いので大人は敬遠しがち。ただし、ポイントさえ押さえればワイドなシルエットでもだらしない印象にはならず30〜40代でも穿きこなすのは簡単です。

ポイントの1つ目は「高級感のある生地」です。

素材はウールでもコットンでも化繊でもかまいませんが、**高級感があることが絶対条件。肉厚感、落ち感、シャリ感などが高級な印象につながります。**

風合いが良くて高級感のある生地は家庭で洗えないものも多いのですが、ケアが大変だと穿くのが億劫になってしまうので、イージーケアの生地がベター。洗濯機でも洗えるウォッシャブルなパンツがベストです。

ポイントの2つ目は「大人っぽいシルエット」です。

高級感のある生地のなかでも、落ち感のある生地を使っていると、ワイドなシルエットがより上品に映ります。デニムのように硬くて広がる生地を使うとダボダボしてルーズに見えてしまいますが、**生地が適度に垂れるとドレスライクで品良くなるのです。**

生地の落ち感まで計算して仕上げたシルエットなら申し分ありません。また、ワイドと言っても裾は細めに絞ったワイドテーパードなシルエットならルーズな印象が抑えられます。裾までワイドなタイプが苦手なら、ワイドテーパードからトライしてみてください。

ポイントの3つ目は「落ち着きあるカラー」です。

落ち着きのあるカラーは、やはり黒がイチ押し。ドレスライクな雰囲気がもっとも出ますし、**生地の良し悪しがわかりづらくなって高級感もアップするからです。**もちろん、他の色でもいいですが、基本的にはダークなほど落ち着いた印象になります。

3つの条件を満たしたリーズナブルなワイドパンツとしては、ユニクロの「タックテーパードパンツ（ワイドフィット）」がおすすめです。大人のワイドパンツを見つけて、着こなしをアップデートしましょう。

ユニクロの「タックテーパードパンツ（ワイドフィット）」。

お悩み

16

「MA-1」は、カジュアルすぎる印象が強くて、うまく着こなす自信がない

いまいちコーデ

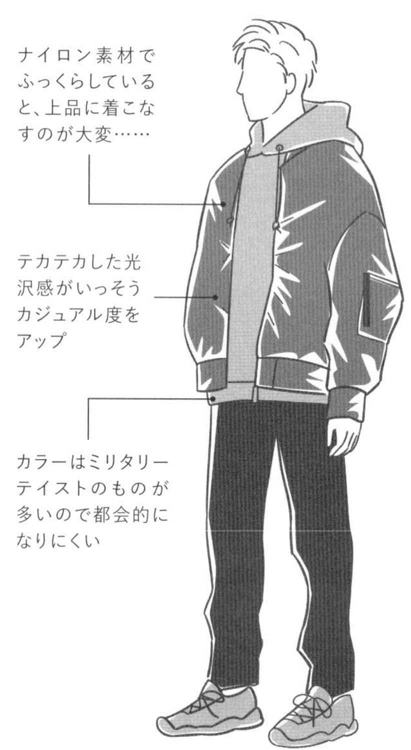

ナイロン素材でふっくらしていると、上品に着こなすのが大変……
テカテカした光沢感がいっそうカジュアル度をアップ
カラーはミリタリーテイストのものが多いので都会的になりにくい

1分でおしゃれに

「マットな素材感」を選ぶ。ユニクロもおすすめ

「MA－1」は落ち着きある印象に。下半身は「ドレス」で固める

おすすめコーデ

ブルゾン、シャツ、パンツ：ユニクロ
※カラーは24ページ（16）参照

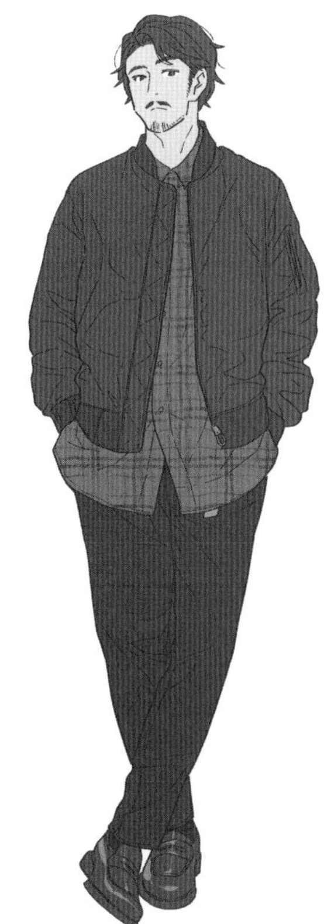

参考動画

Point

- □ 大きめのサイズでも「ふっくらしない形」が今どき。
- □「マットなツヤ感」で大人っぽく着こなせる。

「大人なムード」でラフに着こなすMA－1が今どき

新型コロナウイルスはファッションのトレンドも変えました。外出禁止令まで出たヨーロッパを中心に、ルームウェアやワンマイルウェアが重宝されるようになったのです。旧来のスウェットアイテムやパジャマだけではなく、アウター類をソフトタッチにしてより日常着に適したスタイルにアレンジするといった提案も増えています。

近年、そのなかでも注目しているのが、フライトジャケットのMA－1をアレンジしたアイテムです。

誰もが思い浮かべるMA－1の王道ブランドと言えばアルファインダストリーズですが、その正統派モデルはハリの強いナイロン素材を使ってふっくらしたシルエットに仕上げているのが特徴。

たとえば、ちょっとかしこまったレストランへ行くなどのシーンで大人っぽく上品に着こなすのはちょっと難しいつくりです。また、テカテカした光沢感も特徴的。これも大人なムードで着こなすのが難しいポイントです。

一方、日常着やリラクシングにアレンジしたMA－1も各ブランドが展開しています。ユニクロも毎年「MA－1ブルゾン」を展開していて、近年はコスパに優れたクオリティの高いアイテムが出てきています。

アイテム選びの基本としては、**①「マットな素材感」、②「シワが少ない」、③「中綿がしっかり入っている」といった特徴のものにすることが重要です。**

この3点が抑えられていると、表面は落ち着きのあるツヤ感で、かつ素材がパンと張っている印象になり**高級感が出て大人な雰囲気が醸し出されます。**

2022年リリースのユニクロの「MA－1ブルゾン」はふっくらしすぎない形で、大きめなサイズで着てもドレスライクな印象を残してくれます。

あとは、下半身を「スラックス＋革靴」など「ドレス」で固めれば完成です。ドレスライクなMA－1とはいえ（そもそもはミリタリーアイテムなので）、下半身をカジュアルにしてしまうと、バランスはとたんに子供っぽい印象になってしまいます。それを防ぐためにも、**下半身はドレスで固めることを初心者の方にはおすすめします。**

今回は、トップスのインナーは暗めの色のチェックシャツにして、ドレスになりすぎないようにバランスを取りました（111ページ参照）。

お悩み
17
今ハイテクスニーカーを履いていると
ぶっちゃけ、ダサくない？

いまいちコーデ

1分でおしゃれに

ニューバランスのシャープなものを。
おすすめは「991」

クラシックなデザインのスニーカーでトレンド感を楽しむ

おすすめコーデ

靴：ニューバランス
※カラーは25ページ（17）参照

Point

- □ スエードやレザーなどの天然素材が活かされている。
- □ くすんだ色味やニュアンスカラー中心で、フォルムもシャープ。

ハイテクスニーカーをまだ履きたい人は落ち着いた色味を選びましょう

すでに解説した通り、スニーカーのトレンドは落ち着いてくると予想しています。とくにハイテクスニーカーは徐々に勢いを失っている段階です。

そんな状況ですが、ニューバランスのハイテクスニーカーはちょっと例外です。ハイテクスニーカーの面持ちと革靴のようなクラシック感を併せ持っていて、「ミッドテック」と言われることもあるバランスが絶妙。独自なポジションのスニーカーを出しています。ハイテクスニーカーらしいフューチャリスティックなデザインやビビッドな色使いが得意なのはナイキやリーボックです（もちろん、私はこれらのスニーカーも大好きです）。

それと比べるニューバランスはクラシックなデザインが多く、スエードやレザーなどの天然素材を多く使っています。フォルムもレトロな印象で、カラーリングもくすんだ色味やニュアンスカラーが中心です。

ニューバランスらしいミッドテックなデザインを象徴するモデルが「９９１」。私もかなり気に入っているモデルです。エアー入りのソールをはじめとするハイテク機能を盛り込んでいるので、クッション性や歩き心地は快適。ハイテクスニーカーらしい切り替えが多いデザインですが、スエードを多用していてクラシックな印象です。**全体的なフォルムは定番の「996」よりもシャープで大人っぽく、ワイドパンツからスリムジーンズまで幅広く合わせることもできます。**

ニューバランスの「991」（ネイビー）。

とくに私が気に入ったカラーは、ユナイテッドアローズ限定で販売されていたタイプです（115ページ参照）。カーキ、オリーブ、ベージュとさまざまな色を詰め込んでいるのですが、どれも落ち着いた色味。ヒール周りの色を変えることで少し刺激を加えているので、シンプルすぎず、完璧なバランスに仕上がっています。

スニーカーのブームの趨勢とは関係なく、これからもハイテクスニーカーが履きたいという人には、クラシックな印象で大人っぽさも表現できるニューバランスがイチ押しです！

オフでニットを着たいけどカチッとした堅苦しい印象になってしまう

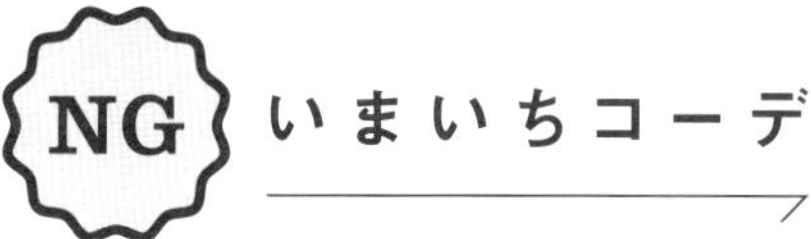

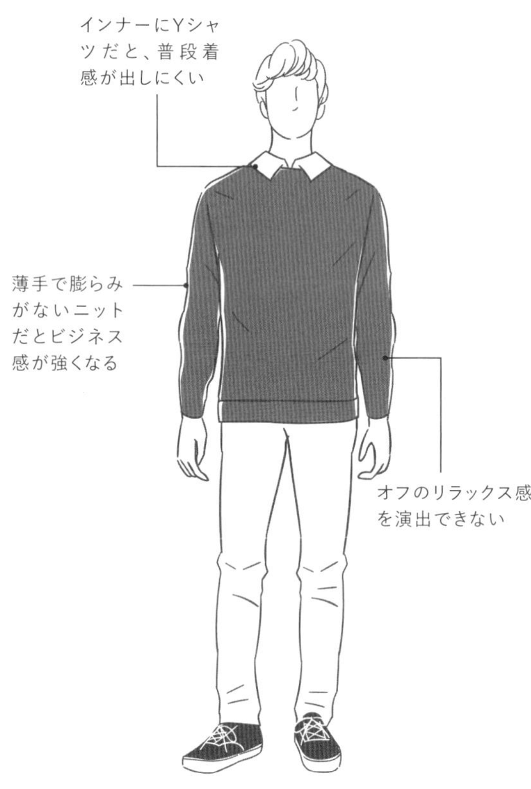

1分でおしゃれに

「普段着感」が出るニットを選べば問題なし

解決法

「厚めの生地」と「鮮やかなカラー」のニットを

おすすめコーデ

ニット：キャバン／パンツ：スタジオニコルソン／スニーカー：ニューバランス
※カラーは25ページ(18)参照

Point

- □ ニットの膨らみがあれば、体やインナーの形を拾わない。
- □ 鮮やかな色を着る場合は、チープな素材に要注意。

オフでは「体のライン」が出ないニットを選んでみましょう

私がイチ押ししているユニクロの「エクストラファインメリノウール」のニットをオフに着て、「なんかカチッとした印象が気になるな」と思うなら、アイテム選びから工夫してもいいでしょう。

「エクストラファインメリノウール」のニットは最高傑作と言えるほどの出来ですが、実は気になるところも。**それはニット全体の「膨らみのなさ」です。ハイゲージでツヤ感がある反面、薄手でビジネス感が強いのです。**また、生地が薄いのでインナーに着たシャツの形を拾ったり、体のラインが出たりしやすいのも気になる点です（30代以上で、「なんか最近お腹が出てきたな」と感じている方は納得いただけるのではないでしょうか）。

こうした**薄手ニットのデメリットが気になる場合は、少し厚めのニットを探しましょう。**私がよく使っているのはキャバンの「コットンカシミヤクルーネックプルオーバー」です。実は必ず毎年カラバリを買い足しているほど気に入っているのですが、素材がコットンカシミヤだけに値段が少し高めで万人にはおすすめできません。ただし、値段以上の価値が十二分にある逸品です。

キャバンのこのニットの魅力は、とにかく美しい風合い。誰が見ても高級感が伝わるほどの生地感で、適度な膨らみもあります。まるでスウェットのような肉感があってビジネス感がなく、体やインナーの形も出ないのです。それでいて、ルーズになりすぎないバランスのフィット感も絶妙です。

その一方、高密度な細糸を使っているので発色が鮮やか。ほかにはないような色表現を実現しています。ビビッドな色合いや落ち着きのある上品なカラーなど、カラバリも豊富です。

鮮やかな色を安い素材で表現すると子供っぽい印象が強くなってしまいがちですが、高級感のある素材なのでチープ感はまったくありません。コーディネートになじみやすく、抵抗感なく着こなすことができます。

このアイテムに限ったことではありませんが、**「厚めの生地」や「鮮やかなカラー」のニットを選べば、仕事着感はなくなります。** もちろん、合わせるアイテムでバランスを取るという方法もありますが、それでもカチッとした印象が気になる場合はニット選びから少し工夫してみてください。

お悩み
19

カッコいいけど重い印象のコートを、春にもうまく着こなしたい

いまいちコーデ

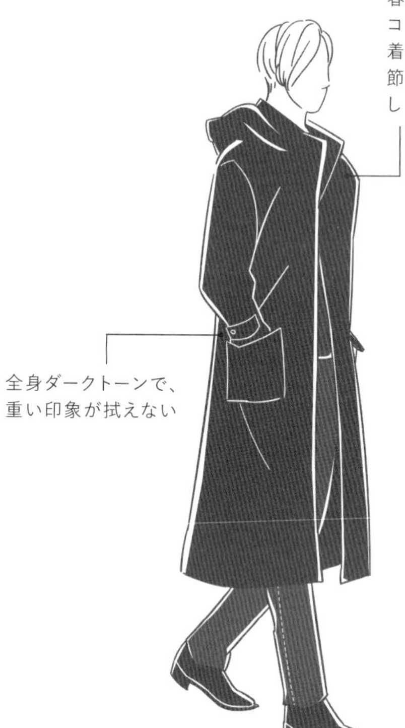

1分でおしゃれに

ジーンズをロールアップするだけ

解決法

「足元に軽さ」を出せば、春でも違和感なし！

おすすめコーデ

コート、ポロシャツ、ジーンズ：ユニクロ＋J
※カラーは26ページ（19）参照

Point

- □ ロールアップを大胆に長めにすることで軽快さが！
- □ 先端（足元）を明るくするだけで、春らしさアップ。

カジュアルな「ジーンズ」or「スニーカー」をプラスして シックな黒のコートを着こなす

単体としてはカッコいいのに季節感が限定的で長いシーズンは着にくく、コーディネートに困ってしまうアイテムは少なくありません。

その象徴がダークカラーで重い印象のコート。

なかなか春先には着こなしにくいものです。明るいパンツを合わせて春らしさを演出する着こなしは紹介しましたが、ほかにも取り入れやすい解決策はあります。**さり気なくて効果的なのは足元に「軽さ」を入れる方法です。**

今回はユニクロの+Jの「オーバーサイズフーデッドロングコート」を例にとって解説します（123ページ参照）。

シルエットも素材感も完璧に近い出来栄え。とくに黒がカッコいい印象ですが、春に着るにはいささか季節感が欠けています。

インナー、パンツ、バッグなどで鮮やかな色を差して軽さを出す方法も間違いではないのですが、モノトーン使いが上手なブランドは、それを生かしたほうがコーディネートもキレイにまとまるもの。せっかくのジル・サンダー氏らしいデザインを活かすなら、モノトーンで統一したコーディネートが最適です。

ただし今回は、ささやかな抵抗として黒に近いダークネイビーのジーンズを合わせました。**ダークトーンにまとめた上で、裾を長めにロールアップして足元に明るいアクセントを加えています。**

大胆に幅広くロールアップしてカジュアルかつ軽快に見せるテクニックはここ数年よく見かけるようになりました。

先端が明るいだけで印象が軽くなっていますが、こうした着こなしも楽しめるのがジーンズのおもしろいところです。

「カジュアルなジーンズ＋ドレスなブーツ」という組み合わせではなく、「ドレスなスラックス＋カジュアルなスニーカー」という組み合わせでも好バランス。たとえばスニーカーをグレーなど明るいトーンにすればかなり軽い印象になります。定番のニューバランス「996」などでOKです。

いずれにしても、足元を軽い印象にする方法なら、コートのシックな雰囲気を活かしながら春らしさもあるコーディネートに仕上がります。

お悩み
20
レザーアウターがワイルドすぎて……普段着で着こなす術が知りたいです

いまいちコーデ

レザーアウターは地味さを払しょくできるアイテムだが、「男らしさ」が出すぎてしまうことも……

1分でおしゃれに

シャツジャケットを羽織る。フェイクレザーでもOK

おすすめコーデ

解決法

レザージャケットならトレンドライクに上品さを出せる

ジャケット：MB
※カラーは26ページ(20)参照

参考動画

Point

□ シャツジャケットはいろんなシーンで着回せる。
□ レザーの光沢感を生かすため、あまり小物は足さないように。

旬なレザーアウターでシンプルコーデをアレンジ！

レザーが再びトレンドに上がってきています。

リアルレザーも人気ですが、とくに「フェイクレザー」や「ヴィーガンレザー」の注目度が高くなっています。サステイナブルやＳＤＧｓを重視する流れのなか、動物の生命を奪う必要がない人工的なレザーでファッションを楽しむムーブメントがハイブランドを中心に巻き起こっているのです。

それでも「本革のほうがカッコいい」「本革だからおしゃれに見える」などと思うかもしれませんが、ヨーロッパではむしろ「サステイナブルな素材でないとカッコ悪い」という認識が広がりつつあります。わかりやすい例で言えばバーバリーやステラマッカートニー、グッチ、ヴェルサーチといった名だたるハイブランドがリアルレザーの仕様を禁止、または削減しています。

もはや、フェイクレザーはリアルレザーの代用品ではありません。本革にしか見えないフェイクレザーもありますし、あえてフェイクレザーらしい風合いを出しているタイプも増えています。

また、フェイクレザーならではの機能を備えたタイプは便利です。レザーの選択肢が広がっていると認識するのが正確でしょう。

要するに、とにかく今はリアルでもフェイクでもかまわないので、レザーアイテムを押さえておくことがおすすめです。

シンプルなコーディネートでも、レザーのアイテムを入れるだけでツヤが出て、少し変わった表情が出ます。

光の加減で見え方が変わるのもレザーの魅力です。また、シンプルなのに地味には見えないコーディネートは今のトレンドにもマッチしています。

レザーの表情を存分に活かせるのはやっぱりアウターです。定番的なレザーアウターがワイルドすぎるという人は、**シャツジャケットなどで取り入れてはいかがでしょうか。シャツとしてもジャケットとしても使えて着回せるシーンが広がります（127ページ参照）。**

コーディネートする際は、あまり小物を足さないのがおすすめ。レザーならではの光沢感や、使われているメタルパーツなどが装飾的なアクセントの役割を担ってくれるからです。

お悩み

21

トレンドにあったスーツの選び方を教えてほしい！

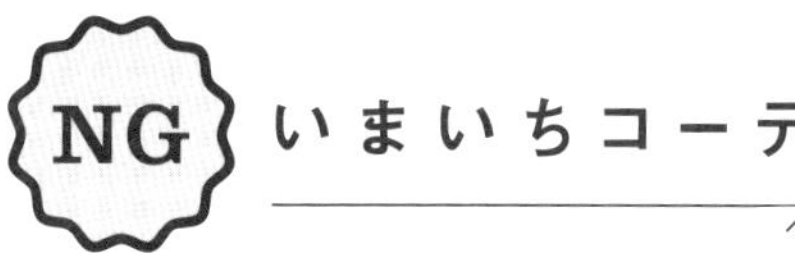

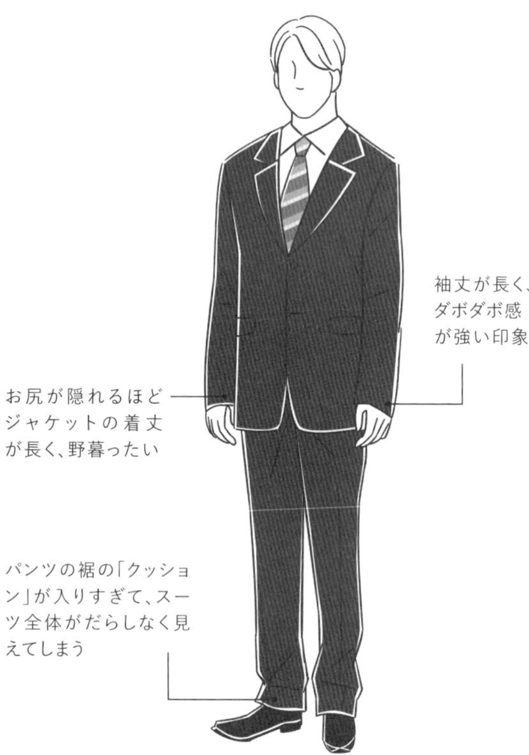

1分でおしゃれに

裾を「ハーフクッション」にする

解決法

「リラックスフィット」でシワがないサイズ感をチョイス

おすすめコーデ

スーツ：サロン ド グローバルワーク
※カラーは27ページ（21）参照

参考動画

Point

- □ 少しだけゆとりのあるシルエットが今っぽい着こなし。
- □ パンツの裾は「靴下が見えないギリギリ」までお直ししましょう。

「シルエット」で差別化するため スーツは3か所だけ「お直し」する

そもそも、どうしてスーツはオーダーが一般的なのでしょうか。わざわざ採寸して体にぴったりのサイズ感やシルエットを目指すのは、変なシワが入らないようにするため。スーツなどのドレスアイテムは、ツヤを阻害するシワを嫌います。シワがあるとカジュアルな印象になるからです。そのシワが入らないようにスーツはオーダーするのです。

オーダーしないとシワが避けられないかというと、そうでもありません。既製品のスーツでもキレイに見せる方法はあります。**それはパンツの裾、ジャケットの袖、裾という先端の3か所を直せばいいだけです。**

パンツの裾が靴に当たって入る大きなシワを「クッション」と呼びます。そのクッションが入るほど、ダラしなくて野暮ったい印象に。足先は視線を集めて目立つ場所なので、印象が強調されてスーツ全体が野暮ったく映ります。

クッションの数が1つなら「ワンクッション」で、なければ「ノークッション」。その中間が「ハーフクッション」で、目指すべき長さの目安です（131ページのイラストが見本になります）。

シワが邪魔ならクッションは不要に思えますが、スーツスタイルにおいて靴下が見えるのはタブーです。だからこそパンツ丈が長めの人が多いのですが、**最適なのはハーフクッション**。それだけでスーツ姿は見違えるようにカッコ良くなります。よくわからなくても、購入時やお直しに出す際に「ハーフクッションで」と伝えれば大丈夫。**靴下が見えないギリギリまでパンツを短くするということだけでも覚えておきましょう。**

ジャケットの着丈も長すぎると野暮ったい印象になります。**お尻の半分より少し上に裾が来る程度の長さが今の主流です。**

ジャケットの袖丈も同様で、長いとダボダボして野暮ったくなります。袖の長さの基準は、**肩の力を抜いて手と腕をまっすぐ下ろしたときに親指の先から袖口までが9～12センチ。**長さのバッファは好み次第です。私は基本的に9センチにしています。

改めてまとめると、パンツの裾、ジャケットの袖、裾の3か所をチェックして長さを整えると、スーツスタイルは断然カッコ良くなります。**とくにパンツの裾が重要。**1000円弱で裾直しができ、それによってスーツの印象が一気にアップしますので、費用対効果もかなり優秀です。

「ノンアイロン」のビジネスシャツを買うなら、これ！

スーツスタイルに不可欠なシャツだからこそ、毎回アイロンをかけたりクリーニングに出したりするのはけっこう手間。イージーケアのシャツなら1分もかからず支度もできます。

ビジネス用のシャツはイージーケアが増えているのですが、**もっともシワがつかないと思うのは、ユニクロの「スーパーノンアイロンシャツ」（135ページ写真上）。過去最高と言えるほどシワができません。**

一般的なノンアイロンはいったん水通しをすると襟の周りなどに多少のシワが出たりはします。ビジネスシーンではあまり気にするほどでもありませんが、フォーマルなどのシビアなシーンでは少し気になるという感じです。

しかしユニクロの「スーパーノンアイロンシャツ」はどこでも使えるほど本当にシワがつきません。ほかのブランドと比べても異常なほどシワが出ないのです。

しかも、素材がコットン１００％。加工感がなくて風合いも抜群です。１００万円した（！）グッチのオーダースーツを着るときも、ぶっちゃけ３０００円しないこのシャツを着ています。

ボタンダウンシャツの王道ブランド、ブルックスブラザーズにもイージーケアなシャツがあります。**おすすめは「ノンアイロン ストレッチコットン ピンポイントオックスフォード ポロカラーシャツ」（135ページ写真下）**。

これもヒット作で、ユニクロより若干シワが入る程度で実用性は申し分ありません。**スーピマコットンの光沢感が半端じゃなく高級感がたっぷり。**そして何より、ブルックスブラザーズらしいボタンダウンカラーの立体感が美麗です。

着心地にこだわるなら、メーカーズシャツ鎌倉の「ニットシャツ／FRANCESE TRAVELER」。使用しているのはニット生地なのですが、カットソー生地と表現したほうが伝わりやすいでしょうか。とにかくストレッチ性が高く、Tシャツを着ているような感覚。それでいて見た目はシャツ生地で、シワもつきにくくイージーケアです。

ユニクロの「スーパーノンアイロンシャツ」（セミワイドカラー）。

ブルックスブラザーズの「ノンアイロン ストレッチコットン ピンポイントオックスフォード ポロカラーシャツ」。

お悩み

22

オフのシーンで、人と被らないスーツの着こなし方はありますか？

いまいちコーデ

スーツのセットアップのインナーにTシャツを合わせるのは、悪くはないが、飽きられ気味の印象

ただの白Tシャツだと、おしゃれに見えにくい

1分でおしゃれに

襟（首元）に注目させるアイテムを

解決法

「スーツ×オープンカラーシャツ」はデートやパーティに最適

おすすめコーデ

スーツ（セットアップ）、シャツ：ユニクロ＋J／靴：MB
※カラーは27ページ（22）参照

Point

- □ オープンカラーシャツで柄物が使いやすい。
- □ 襟があることで、「きちんと感」も維持できる。

さりげない差別化が可能なオフのスーツの着こなし術

オフにスーツライクな着こなしを楽しみたいと思う人も多いでしょうが、少しキメすぎた印象になってしまいます。

カジュアルなセットアップはトレンドを反映して少しゆったりしたシルエットなのに対し、ビジネススーツはフィット感があって少し細身だからです。

だったらいっそのこと、キメるべきときに活用するのはいかがでしょうか。それが理に適っています。パーティやデートで着回すのです。

ただし、シャツとネクタイを合わせたらそれこそキメすぎですし、仕事着と変わらなくなってしまいます。**そこでおすすめなのが、インナーにオープンカラーシャツを合わせるコーディネートです**（137ページ参照）。

スーツにはドレスシャツ、Tシャツ、ニットを合わせる人がほとんどなので、オープンカラーシャツを合わせると差別化が可能。ある程度フォーマルさを残しつつ、**さり気なくオフ仕様にすることもできます。**

しかもオープンカラーシャツはストライプやチェックといった柄物が豊富で、差し柄によって地味な印象を緩和することも可能。いつもだったら躊躇してしまうような**柄が使いやすいというメリットもあります。**

また、オープンカラーシャツがインナーの場合、**襟があってキチンと感はあるのに、胸元は開いていて色気も感じさせるという雰囲気がつくれます。**要するに、ちょっとしたパーティや少しかしこまったデートに最適なのです。

実際に私も結婚式の二次会などで活用していて首元にスカーフを追加する着こなしが定番です。

周囲の人は、披露宴からの流れでネクタイをしている装いか、セットアップにTシャツを合わせている着こなしが大半で、オープンカラーシャツで被ったことはありません。

ただしこのコーディネートには注意点もあって、オープンカラーシャツの襟先をジャケットの外に出すと途端に下品になり、ガラが悪い人に見えることも。**襟先はしっかりとラペル（ジャケットの上襟／カラー）の内側に入れましょう。**また、足元にはエナメルの靴を合わせるのもおすすめ。革靴より光沢があり、コーディネート全体の高級感がアップします。

第  章

いまいちな印象をひと工夫でおしゃれに!悩み解消1分コーデ術

お悩み
23
定番の黒のパンツだと、どうしても地味な印象になってしまう

いまいちコーデ

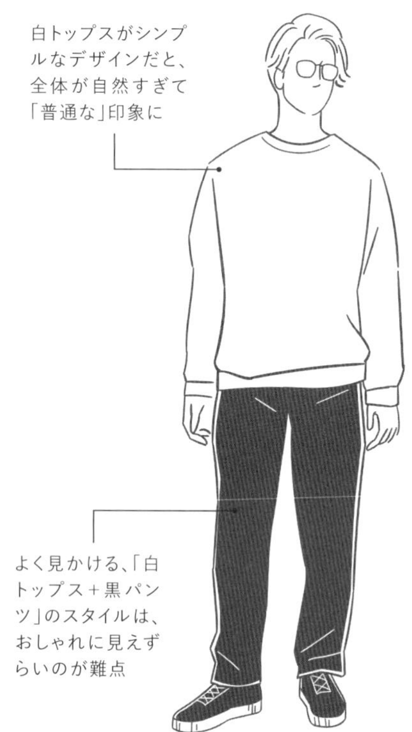

1分でおしゃれに

「黒トップスに白パンツ」をチョイス

解決法

「反重力コーデ」を活用して、新鮮にアレンジ

おすすめコーデ

プルオーバー、パンツ、靴：GU
※カラーは28ページ(23)参照

Point

- □ ノームコア的コーデだけど、地味さが消失。
- □ 色をベーシックな配置と逆にしているだけ。

違和感ある「反重力コーデ」で地味な印象を消失

まずはコーディネートを見てください（143ページ参照）。これと言って特別な着こなしではありませんし、むしろシンプルなノームコア的なコーディネートですが、なぜか地味には見えないでしょう？

その秘密は「カラーコーディネート」です。ベーシックな配置と色を逆にしているだけなので、いったん覚えておけば1分もかからずコーディネートを新鮮にアレンジすることができます。

詳しく解説しましょう。私たちの目（脳）は重力に慣れているため、重いものが下にあるほうが安定しているように認識します。

そして、色で感じる重さもあり、明るい色は軽く、暗い色は重く感じるものです（これを裏付ける有名なエピソードがあって、某運送会社が自社の配送ボックスを黒から白に変えただけで作業効率が飛躍的に上がったそうです）。

つまり、**色の配置も下にあるボトムスや靴を暗くしたほうが安定感が出て自然に見える**

のです。もし普段のコーディネートに違和感がある場合は、この「重力に即したカラーコーディネート」を遵守してみてください。

そして、それをあえて逆さまにして、トップスに暗い色、ボトムスに明るい色を合わせたのが今回のコーディネートです。

意図的に違和感を誘発したことで、ボトムスが目立つようになっています。パッと目に入る白いパンツの印象が強くなり、軽いイメージに映っていませんか？

単に色を反転させただけ。「白トップスに黒パンツ」（142ページ参照）ではなく、「黒トップスに白パンツ」にしただけなのに、明るくて春らしい印象になり、どこか新鮮で地味な印象がなくなるのだからおもしろい現象です。

ただし、白や明るいカラーは膨張色なので、脚が太くダボッと見えるデメリットもあります。**その対策として、パンツの裾をクッションが出ない丈感にして足元をスッキリまとめています。**

さらに、スニーカーも黒を選び全身をモノトーンでまとめてドレスな要素で整えました。春先のカジュアルなコーディネートとしては、これくらいの大人っぽさで合格ではないでしょうか？

お悩み

24

デニムシャツはカジュアルな印象が強く、子供っぽくなってしまう

いまいちコーデ

1分でおしゃれに

デニムシャツは「チラ見せ」程度に

解決法

パンツとシューズをドレスライクにするのがセオリーです

おすすめコーデ

シャツ、ニット、パンツ、靴：ユニクロ
※カラーは28ページ（24）参照

参考動画

Point

- □ パンツとシューズは、超シンプルなアイテムで問題なし。
- □ 全体のドレス度を高めることができれば、ビジネスでも着こなせる。

着こなしにくいデニム系シャツの見える面積を小さくするテクニック

デニムやシャンブレーといったワークテイストの生地を使ったシャツは、ユニクロが得意としているアイテムの1つ。ただし、デニム系のシャツは着こなしが難しいというネックもあります。

定番アイテム同士だからと、デニムシャツにデニムパンツを合わせ、さらにスニーカーまで合わせると、カジュアルすぎてちょっと残念なコーディネートに。私の世代からは浜田省吾さんにしか見えません。浜田省吾さんならカッコいいのですが、それは「ハマショー」だからであって、一般人はマネしてはいけません。

では、一般人がデニム系のシャツを着こなすにはどうすればいいのか。何度も言っている通り、ドレスとカジュアルのバランスを整えればいいだけです。

デニム調のシャツはカジュアルなので、パンツとシューズをドレスライクにすると理想的な7：3のバランスに近づきます。具体的には、ドレスライクなスラックスと革靴を合わせるのが基本形です。

そして、ニットのなかにデニム系のシャツをインするのがおすすめ（147ページ参照）。

デニム系の生地はカジュアルな印象が強いのですが、見える面積を小さくしてあげるとカジュアル感が抑えられます。

見える面積で印象が大きく変わるというコーディネートの理屈はぜひ覚えてください。スタイリストなら誰でも活用しているほど有効なテクニックです。派手なピンクのTシャツで想像すればわかりやすいかもしれません。ピンクのTシャツを1枚で着るのと、チラ見せで着るのでは印象が大きく変わるでしょう。

実はこのテクニックを応用すれば、クールビズやウォームビズなどの仕事用コーディネートでデニムシャツを使うことも可能になります。

デニム系のシャツを活用したコーディネートとしては、ツイードジャケットとの組み合わせも定番。カントリースタイルの王道的な着こなしということもあるのですが、私としてはバランスが取れているのがポイントだと思っています。

デニムはカジュアルで活動的なイメージがあり、若い印象。一方、ツイードジャケットは落ち着いた雰囲気が出るアイテムと言えます。その両者を組み合わせることで、おしゃれに見えるちょうどいいバランスに整うのです。

お悩み
25

ジャストサイズのジーンズを選んでも上品に見えないのはなぜ？

いまいちコーデ

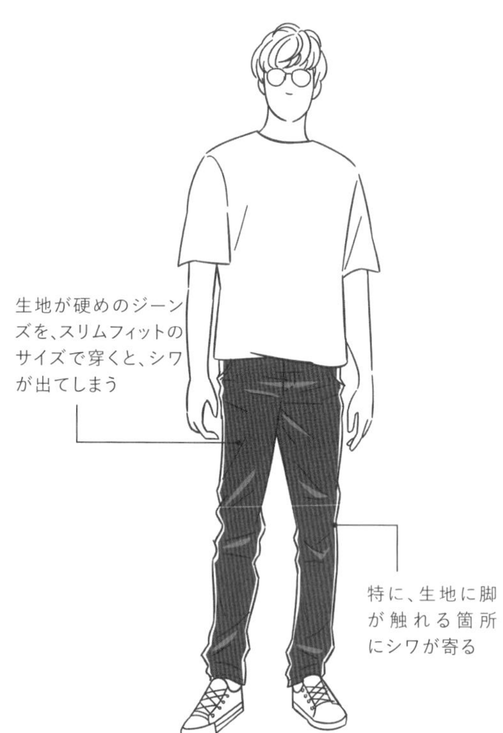

1分でおしゃれに

普段より2インチ程度サイズアップしてみる

あえて、「サイズアップ」することで、グッと品良くなります

おすすめコーデ

Tシャツ：ユニクロU／ジーンズ：リーバイス（古着）／靴：ジーエイチバス
※カラーは29ページ（25）参照

Point

- □ ジーンズなのにスラックス風に見せることができる。
- □ 柔らかい素材感を意識して、落ち感を出しましょう。

ジーンズを「品良く見せる秘技」を覚えておきましょう

原則として、シルエットはスリムなほうがドレスライクに見えますので、ジャストサイズのほうが上品になるという考え方は間違っていません。ただし、ジーンズには落とし穴もあります。

それは「シワ感」。ジャストサイズで体にフィットしていると生地が脚に触れて変なシワがたくさん出る場合があるのです。

それを避けたい場合は、2インチ程度サイズアップするのがおすすめ。151ページのコーディネート例でもサイズを上げているイメージで、私は普段は29〜30インチのところ32インチを選ぶようにしています。

さらに、裾にクッションが入らない長さも重要。繰り返しになりますが、クッションが出るとだらしなくて野暮ったい印象になるからです（もともとカジュアルなジーンズは、その影響も顕著です）。ジャストレングスや9・5分丈くらいが最適です。

また、古着や加工ものなど、柔らかい素材感を選ぶのもおすすめ。自然な落ち感が出

て、脚のラインが美しく長く見えるからです。

いくつか気を使った結果、ジーンズなのにスラッとしてスラックス風に見えませんか？ ポイントさえ押さえれば誰でも再現できます。

今回の実例にはまだ秘密があって、**ジーンズとTシャツの明度を近づけることで脚長に見せています。**

境界線が少し曖昧になって一体化して映るのです。アイスウォッシュなどの明るいトーンは膨張色に当たるので、色合わせで脚長に見せる工夫は必須です。

ロジック的には靴も白いほうが脚長に見えますが、白い革靴は一般的ではありません。また、白いスニーカーを合わせるとカジュアルすぎて、ドレスとカジュアルのバランスが崩れてしまいます。ドレス感を優先して黒の革靴を選んでいるのです。

さらに言いますと、タックインしないほうが腰の位置がバレず脚長に見えますが、**ジーンズとTシャツという組み合わせがかなりカジュアルなので、この点でもドレス感を重視しています。**

色落ちしたジーンズは野暮ったく見えがちな反面、ムラ感や立体的な表情によって地味な印象が消せるアイテムです。品良く見えるように工夫しながら穿きこなしましょう。

お悩み

26

王道的な「白シャツ＋チノパン」スタイルで差別化する方法は？

NG いまいちコーデ

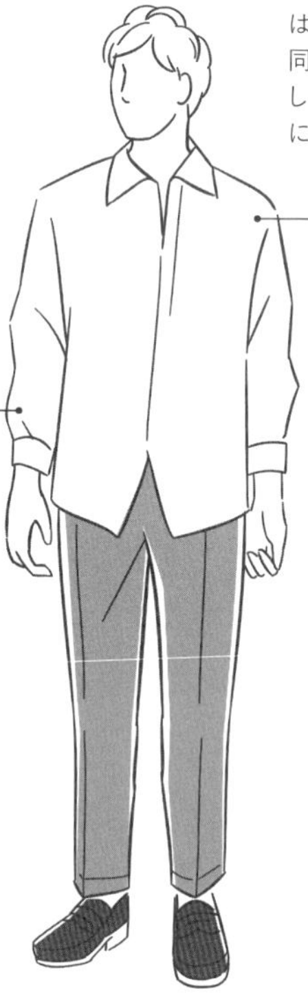

バランスは悪くはないが、周囲と同じコーデで「おしゃれ」に見られにくい

白シャツスタイルをアレンジできれば、もっといろんなシーンで着まわすことが可能

1分でおしゃれに

好きな柄のスカーフをプラスする

解決法

首元にスカーフを巻くだけで、ドレスライクな印象に

おすすめコーデ

シャツ、パンツ：ユニクロ／スカーフ：古着／靴：ジャランスリウァヤ
※カラーは29ページ(26)参照

参考動画

Point

- □ 白シャツは、ユニクロの「エクストラファインコットンブロードシャツ」がおすすめ。
- □ スカーフはネクタイと同じで、ドレスな差し柄として重宝する。

お悩み
27

白シャツが好きで着ているのですが、「仕事帰り」の印象になっていそう

いまいちコーデ

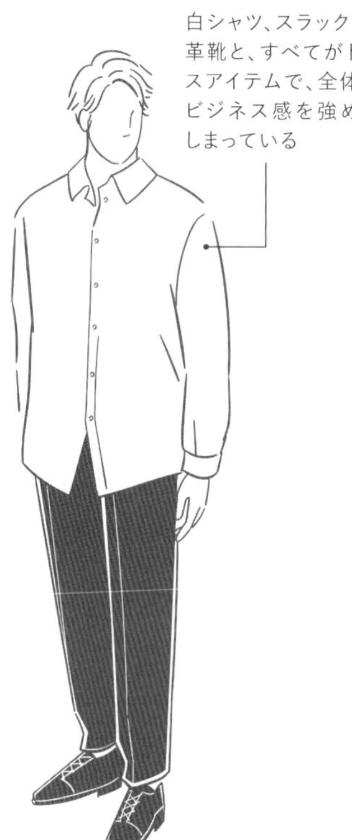

白シャツ、スラックス、革靴と、すべてがドレスアイテムで、全体のビジネス感を強めてしまっている

1分でおしゃれに

黒のワイドパンツにチェンジ

解決法

スラックスをワイドシルエットにしてカジュアル感をアップ

おすすめコーデ

シャツ：ユニクロ／パンツ：GU
※カラーは30ページ（27）参照

参考動画

Point

- □「太いシルエット＝カジュアル」なので、オフ感を加味できる。
- □ シャツをタックインすれば、上下にメリハリが生まれ、おしゃれさアップ！

お悩み
28

地味に見せない「さりげない装飾」とは、具体的に何をすればいいの？

いまいちコーデ

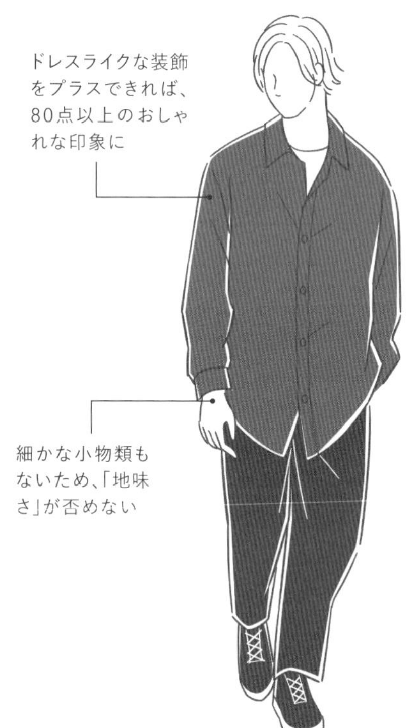

ドレスライクな装飾をプラスできれば、80点以上のおしゃれな印象に
細かな小物類もないため、「地味さ」が否めない

1分でおしゃれに

トレンド感のある「デカバッグ」を持つ

解決法

1つ「シンプルなバッグ」を持つだけで、地味さが消失

おすすめコーデ

シャツ、パンツ、靴：GU／バッグ：MB
※カラーは30ページ(28)参照

Point

- □ミニバッグもあり。差別化したい人は今はデカバッグを。
- □バッグが難しければ、小ぶりなアクセサリーなどでもOK。

大小のバッグで「普通に見えて普通じゃない」雰囲気の演出を

ミニバッグのトレンドはすっかり広く浸透しました。まだまだ勢いは衰えていませんが、アウトドアライクなサコッシュは人気が落ち着いていますので、これから買うなら上質感のあるレザー製のバッグがおすすめです。コーディネートの視点で見たバッグ類の魅力は、地味になりがちなメンズの着こなしをアレンジできるところ。**さり気ない装飾的な要素によって「普通に見えて普通じゃない」印象が演出できます**（161ページ参照）。

そもそもどうしてそんな演出が必要かと言うと、ノームコアなどのシンプルなスタイルの人気が続いてきた反動から、地味なコーディネートが時代に適さなくなってきているからです。今のトレンドはとにかく、地味な印象を嫌います。

誤解のないように補足すると「地味」と「シンプル」は違います。**ベースが定番的なコーディネートでも、地味にならないように適度なアクセントを加え、シンプルの範疇から出ないようにまとめるとおしゃれに映るのです。**なんの工夫もないコーディネートではなく、細かい着こなしや装飾などを意識してみましょう。

そして、装飾的な工夫のなかでも実践しやすいのが「コーディネートにバッグをプラスする」こと。これなら1分も必要ないでしょう。

最初にミニバッグについて述べましたが、最近の海外コレクションでは「デカバッグ」も増えてきました。ミニバッグに飽きてきた人、少し差別化したいという人は、あえて大きめなバッグを取り入れても良いでしょう（159ページ参照）。

今回のコーディネート例では自分でデザインしたバッグをイメージしていますが、もっと手に入れやすいブランドやユニクロなどでもOK。バッグが難しい場合、実はメガネやサングラス、小ぶりなアクセサリーなどを加えるだけでもかまいません。

とにかく今後は、ちょっとした小物で変化を加えることを意識してください。ここ1～2年は、小物を集めることを優先してもいいくらい「地味を払拭する」ことは重要だと思っています。

ユニクロなどでも手軽に手に入るミニバッグ。
※カラーは36ページ（b）参照。

お悩み
29

夏から秋の季節の変わり目に Tシャツを着ていると、なんか不安です

いまいちコーデ

暑さが残るとは言え、夏っぽいTシャツに素足が見えるサンダルスタイルだと、季節感がちぐはぐな印象に
夏物アイテムを減らしていきましょう

1分でおしゃれに

8月下旬から、秋を感じさせるアイテムを

解決法

「先取り」して秋色を混ぜていくのがおすすめ

おすすめコーデ

カットソー、スラックス：リックオウエンス／靴：MB
※カラーは31ページ（29）参照

Point

- □ Tシャツでもいいので、秋色にシフトチェンジ！
- □ 涼しい夜にはベージュやブラウンのアイテムを取り入れる。

早めに季節感をあらわす色を入れればおしゃれに早変わり

私は毎年8月の下旬くらいから、意識的に秋色を取り入れるようにしています。とくに涼しい夜などは、ベージュ系やブラウン系といった秋を感じる色を使うようにしているのです。

たとえ半袖のTシャツがメインのコーディネートでも、秋らしい色を織り交ぜ、足元をヘビーな革靴にするだけで、自然と秋のムードが漂いはじめおしゃれな印象を与えます。食べ物と同じように、洋服にもその時々の旬があります。夏には夏の服、秋には秋の服があり、そのときに合った服を着てこそ、おしゃれに見えるものです。

そもそもおしゃれは非合理性を楽しむものだとも思っています。季節を問わず使える服や、高機能な服など合理性だけを追い求めたら、それはおしゃれとは言えないでしょう。季節を意識してカラーや素材選びを楽しむことこそ、おしゃれの奥深さを知ることにもつながります。

タイミングとしては、少し早めに季節感を取り入れるくらいで良いと思っています。**な**

ぜなら「差別化」につながるから。まだみんなが夏の余韻を楽しみたくて、明るい色をコーディネートのメインにしているときこそ、**落ち着いた秋色を取り入れることでわかりやすく差をつけることができます。**実際にやってみるとわかりますが、みんなが白いTシャツを着ているなかでブラウンのTシャツを着ると、グッとおしゃれな印象が高まります（163ページ参照）。

8月下旬からは、ぜひ秋色のアイテムを取り入れてみてください。

ベージュ系やブラウン系などの秋っぽいカラーは、トップスで取り入れてもパンツで取り入れてもかまいません。もともと落ち着いた色味で着こなしやすいからです。

夏から秋へスイッチする時期だけではありませんが、早めに季節感を取り入れ、差別化を図るようにすることで「あの人ちょっとおしゃれだね」と言われるようになるのです。

補足ですが、夏のコーディネートはカジュアルな要素を強めにして、「ドレス6：カジュアル4」のバランスぐらいのほうがおしゃれに見える可能性が高いです。

周囲が思い切りカジュアルな夏場は、それよりもドレスなら大人っぽくおしゃれに見えるのです。つまり、「ドレス7：カジュアル3」のバランスよりカジュアルな要素が多くても十分ドレスライクに映るということです。

お悩み
30
秋冬しか使えなさそうなライダースを買うのに躊躇してしまう

NG いまいちコーデ

1分でおしゃれに

白のパンツを活用する

解決法

「白」で「軽さ」を加えれば、春もガンガン着回していける

おすすめコーデ

レザージャケット：GU×UNDERCOVER／パンツ：スタジオニコルソン／靴：GU
※カラーは31ページ（30）参照

Point

- □ 面積の広いワイドパンツで「白」の軽さを強調。
- □ 夜のデートなどのシーンなら、黒パンツもアリ。

ライダースを春に着るときは、「白」アイテムの面積を大きく

着こなしの難易度が高そうなライダースジャケットですが、実は着回しやすいアイテムです。いろいろなコーディネートに使えることがわかれば、費用対効果の面でも検討に値するのではないでしょうか。

どうしてライダースが着回しやすいかというと、**王道カラーの「黒」と定番素材の「レザー」はドレスな要素になるからです。デザインはカジュアルなので、全体としてバランスが取れていて着回しやすいアイテムなのです。**

ただし黒のレザーとなると、やはりヘビーな印象が強くなります。そのため、「秋冬にしか使えないからな……」と思っても仕方ありません。実際、ライダースジャケットは秋によく売れています。

とは言え、もともと着回しやすいアイテムなので、重い印象さえ緩和できれば春でも着回せます。**春らしくするポイントは「軽さ」。**軽い印象のアイテムを合わせることで、重苦しいイメージを払拭すればいいのです。

167ページのコーディネート例では、春らしい軽さを出すために白のパンツを合わせています。しかも、面積の広いかなりワイドなパンツにすることで、白の軽さを強調しました。

ヘビーな印象のライダースを使いながら春らしいコーディネートへと急角度でアレンジ。印象を調整するのに面積も重要だということはすでに説明しましたが、**軽さを感じる白の面積を大きくすることで、ライトなバランスに整えているのがポイントです。**

もちろん、黒のレザーライダースジャケットを使ったコーディネートとしては、黒のスラックスや黒革靴を合わせつつ全身をモノトーンで揃えて大人っぽくまとめるほうが簡単です。

この場合ヘビーな印象は拭えませんが、春でも夜のデートなら十分適していると思います。**季節だけにとらわれず時間帯やシーンまで想定すると、使える機会が増えることもあるのです。**

前述の通り最近は、本革に近い上質感がある合皮のライダースが増えています。コスパが気になる場合は、手の届きやすいフェイクレザー製から着回してみるのも1つの手です。

お悩み

31

気に入っている秋のアウターを冬になってもできるだけ長く着たい

いまいちコーデ

インナーを着こむため、着ぶくれ感が目立ってしまっている

冬の季節感がなく、寒々しい印象に

1分でおしゃれに

ダウンベストを早めに準備

解決法

薄手のアウターをダウンベストで冬まで延命

おすすめコーデ

ダウンベスト：ワークマン
※カラーは32ページ（31）参照

参考動画

Point

- □ 外見的に暖かそうなダウンベストを重ねる。
- □ アウターと同じ色のベストを選ぶのがセオリー。

冬シーズン前に良質なダウンベストを手に入れる

秋や春に着るライトなアウターを冬でも着たいなら、ダウンベストを活用しましょう。以前から主張していますが、ダウンベストは早いうちに揃えておくべきアイテム。私自身、若い頃に何度もダウンベストに助けられました。

季節感の必要性はすでに伝えましたが、季節感は誰でもジャッジできるもの。あまりにも季節外れだと、誰の目から見ても「変」に映ります。薄手のアウターを冬に着ていたら寒々しくて、「服を持ってないの？」と思われてしまうのです。

そのため、インナーを着込んで防寒性を高めるより、外見も暖かそうなダウンベストを重ねるのがベストなのです。

袖がなくて心配になるかもしれませんが、身頃を覆うだけで劇的に暖かさが変わります。私は雪国の新潟が故郷ですが、秋用ジャケットにダウンベストを重ねて12月を凌いでいました。都内なら（よほど寒い日さえ除けば）越冬できるほど暖かくなります。

実はダウンベストの魅力はほかにも。バッグいらずになるんです。アウトドア由来のアイテムなので収納力に優れ、外側にも内側にもポケットがあります。しかも、もともと「モコモコ」なのでポケットにモノを詰め込んでも目立ちません。スマホや財布といった最低限の持ち物だけなら、確実にバッグを使う必要はなくなります。

ダウンベストは着こなすのも難しくありません。**アウターと同じ色のダウンベストを選べばいいだけ**（171ページ参照）。

黒のジャケットに黒のダウンベストを重ねれば、すんなり着こなせます。着慣れていないから違和感を覚えるだけなので、**アウターとつなげて1つのアイテムのようにすれば、その違和感は消えるのです。**

このコーディネートでイメージしているのはワークマンの「エアロストレッチベスト」。1900円程度でしたが、実物は想像以上に高級感があります。

冬シーズン到来前に、早めに揃えて活用しましょう！

ワークマン「エアロストレッチベスト（ブラック）」。

第4章

その服着るなら
ユニクロの
秀逸アイテムに
変えてみませんか？

お悩み
32

クールネックセーターに飽きました。トレンドライクなニットを教えてほしい

いまいちコーデ

ユニクロの「エクストラファインメリノクルーネックセーター」は秀逸のアイテムだが、クルーネックは周囲との被りが気になる……

ニットの定番すぎるシルエットなので、新鮮さがない

1分でおしゃれに

襟の高さで差別化

【エクストラファインメリノモックネックセーター】で大人っぽく

おすすめコーデ

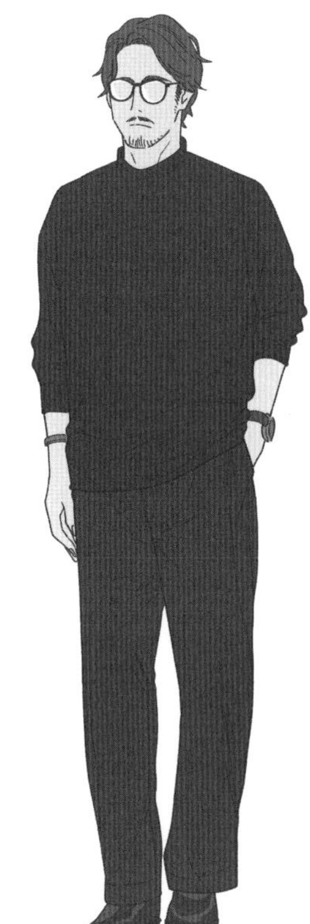

ニット(エクストラファインメリノモックネックセーター)、パンツ:ユニクロ/靴:GU
※カラーは32ページ(32)参照

参考動画

Point

□ タートルネックとクルーネックの中間に当たる、モックネックがおすすめ。
□ ネックに高さが出て、グッと大人っぽい印象に。

「襟が高め」で大人っぽいニットがトレンドライク

ニットはタートルネックにトレンドの軸足が移っていきます。

パリやミラノのコレクションではタートルネックニットを使ったルックが増えていました。とくにジルサンダーは、ほぼすべてのルックでタートルネックを使用。ドレスな印象を強めています。

原則としてドレスやフォーマルなウェアは首高なものを使う傾向があります。たとえばフォーマル用のシャツは高めの台襟で首を覆うようなつくりです（もちろん、ネクタイを締めるためでもありますが）。タートルネックのニットもドレスライクなジャケットのインナーとして定番。**ネックに高さがあると大人っぽい印象になるのです。**

ドレスな印象のタートルネックニットがトレンドになりますが、どうしても首の部分がチクチクしがち。その感触が苦手な人も少なくないでしょう。また、ドレスな印象が強いので、コーディネート全体のバランスを考えたときに使いづらいこともあるでしょう。

そこで、タートルネックとクルーネックの中間に当たるモックネックが狙い目です

（177ページ参照）。

ユニクロの「エクストラファインメリノウール」シリーズにも、2021年の秋にモックネックが登場しました。クルーネック、Vネック、タートルネック、ポロシャツなど、それまでもたくさんのタイプがありましたが、通常ラインで初めてモックネックが追加されたのです。

高くなっているネック部分は生地感が違っていて、ストレッチ性が高くて肌当たりもソフト。チクチクしないので気にはならないはずです。ただし個人差もあるので、気になったら試着してみて、着用感や自分との相性を確認してみてください。

「エクストラファインメリノウール」のモックネックなら十分にドレスライクですし、1枚でもインナーでも使えるのでかなりおすすめです。

タートルネックだと冬のシーズンの使用がメインになりますが、モックネックでかつ薄手で起毛感の少ない「エクストラファインメリノウール」なら、秋、春も着回すことができます。3シーズン楽しむことができ、使える期間が長くてさらにお得になります。

まずは、1枚でいいので、モックネックのニットを手に入れて着こなしてみてはいかがでしょうか。わずかな襟の高さの違いですが、与える印象は一気に変わります。

お悩み

33

ボーダだとカジュアルすぎるけど、無地だとつまらない……

NG いまいちコーデ

全面ボーダーで、かつ柄が太いと目立つので、子どもっぽい印象が出てしまっている

1分でおしゃれに

シルクタッチな風合いを選ぶ

解決法

1枚でもサマになる大人向けキレイめ【ボーダーT】

おすすめコーデ

Tシャツ（ボーダーT）：ユニクロ／パンツ、靴：GU
※カラーは33ページ（33）参照

参考動画（ボーダーT）

Point

□「大人カジュアル」として使える絶妙なリラックスサイズ。
□ 色の濃淡の差があまりないので、落ち着いた雰囲気になる。

ヘビーユースしたくなるポイントが揃ったボーダーTシャツ

正直、ユニクロのボーダーTは年々レベルが上がっています。

今回、紹介したいのは、「ボーダーT（NAVY）」で、特に素晴らしいなと思うポイントはシルエットと素材感です。

シルエットは、トレンドの「大人カジュアル」に適した、サラッと1枚で着てもサマになるリラックス感があります。

肩幅もゆるく自然な落ち感があり、身幅も通常のユニクロのTシャツと比べると広いです。アウターなどを脱いだときにも重宝します。

さらに、素材はコットン100％なのですが、これが滑らかで光沢感があり、高級な印象を与えてくれるのです。

柄ものであるボーダーでガサガサした素材や安っぽく見える生地だと、どうしても子供っぽく見られてしまいますので、大人の男性が着るにはぴったりのアイテムだと思います。

素材感で大人っぽさやドレス感を加えてバランスを調整しているのが、このアイテムの最大の特徴と言えるでしょう。

しかも色の濃淡が激しくないので柄の存在感が強すぎず、落ち着いた印象です。気づいたら選んでいるのが無地のインナーばかりで変化がほしいときは、こんなボーダー柄を取り入れてみてください。

ユニクロの「ボーダーT（長袖）NAVY」。

ちなみに、181ページの着こなしは、ワンサイズアップぐらいのイメージです。実際に、私は普段はLサイズですが、XLサイズを着ていました。

よりリラックス感が出て大人のオフスタイルにはマッチすると思います。その分、下半身は黒のスラックスとスニーカーなどでドレスライクにするのがベターです。

今回のユニクロのボーダーTに限らず、ここで挙げたポイントを押さえたボーダーTなら、1分でおしゃれに着こなせるので参考にしてみてください！

お悩み
34
体型コンプレックスをうまく隠せるアイテムを教えてほしい

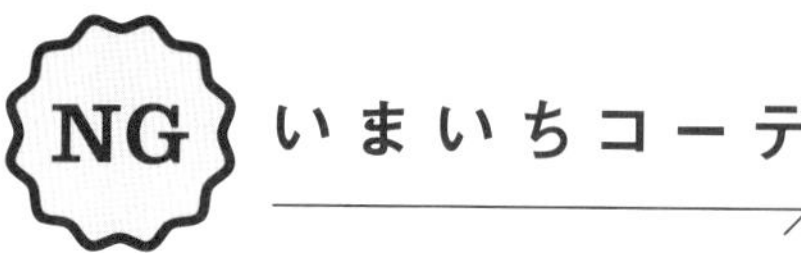

オーバーシルエットのコートがトレンドの中で、細身のコートは時代遅れ感が出てしまう

全体的に体のラインがしっかり出るようなコーデは、今っぽくない……

1分でおしゃれに

ビジネスコートは兼用しない

ワイドシルエットで着こなす【ステンカラーコート】

おすすめコーデ

コート（ステンカラーコート）：ユニクロU／ニット、パンツ：ユニクロ／靴：ニューバランス
※カラーは33ページ（34）参照

参考動画
（ステンカラーコート）

Point

- □ 硬めの生地のコートなら、体のラインを拾わず、体型を自然に隠せる。
- □ 袖回りがルーズにならないようにアイテム選びに注意。

ワイドなコートをだらしなく見えないようにする方法

オーバーシルエットのコート類はまだまだ人気が続くでしょう。コロナ禍の影響もあってリラックスできる服装がまだまだ支持されているからです。街を見ても、年代問わずオーバーサイズの着こなしが主流になっているのがわかります。

大きめなシルエットのコートには体型が隠せるというメリットもあります。とくに硬めの生地を使っているコートは体のラインを拾わないので、体型がわかりづらくなります。太り気味な人だけでなく、痩せ型の人にも効果があるので、体型にコンプレックスを抱えている人は積極的に活用しましょう。

ワイドなコートを着慣れていない人は「横幅があってダボダボに見えそうだな」と思うかもしれませんが、アイテム選びさえ間違えなければ「ダボダボとだらしなくなる」ことはありません。

ポイントは「バランス」。シルエットが大きめでも、袖周りがルーズでなければダボダボな印象はかなり緩和されます。**余裕のあるところとフィットさせるところのバランスが取**

れているると、全体としてだらしなくは見えないのです。

オーバーサイズに合わせて襟が大きいつくりだと、対比で顔が小さく見える効果もあります。襟の大きなワイドコートを選べば、違和感なく小顔効果が望めるのです。

ワイドシルエットやビッグシルエットのコートを着こなす際は、広い面積を利用するのもおすすめです。コートの面積が大きいということはインナーやパンツの面積は小さいということ。インナーやパンツに色を差してもバランスはそこまで崩れません。真っ赤や真っ黄色といった目が痛くなるような原色を入れるとバランスは崩れてしまいますが、33ページ（34）のイメージのように**パープルやブラウンといった秋冬らしい中間色ならバランスが崩れず子供っぽくもなりません。**

コートは黒などの落ち着いた色を選ぶのが前提ですが、合わせるアイテムの色で遊ぶコーディネートを楽しんでみてください。

最後に補足すると、ワイドなコートはYラインで着こなすのが基本。細身のパンツで下半身をすっきりさせ、メリハリをつけて全身のバランスを整えるのがセオリーです。

ユニクロやユニクロUでは、毎年「ステンカラーコート」を展開しています。自身の体型に合わせて、オーバーシルエットのコートを選んでみてください。

お悩み

35

チェックシャツを着たいのですが、カジュアルな印象を抑えたい

NG いまいちコーデ

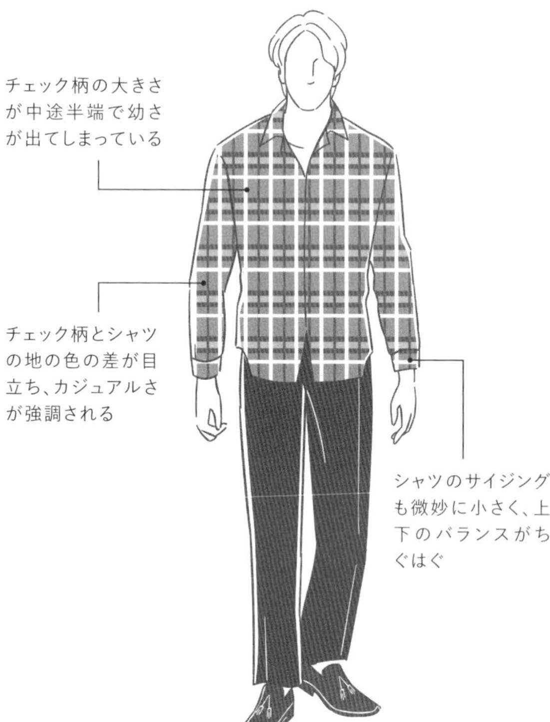

1分でおしゃれに

柄が悪目立ちしないデザインを選ぶ

解決法

カジュアルすぎないバランスの【エクストラファインコットンブロードチェックシャツ】

おすすめコーデ

シャツ（エクストラファインコットンブロードチェックシャツ）、
パンツ：ユニクロ
※カラーは34ページ（35）参照

参考動画

Point

- □ 主張のあるチェック柄でも、トーンが抑えめで大人っぽい印象。
- □ サイズは「4XL」でリラックス感を演出。

大人のチェックシャツは
トレンドライクなサイズ選びで着こなしたい

3万円してもおかしくない超極上な生地を使いながら1990円という驚異的な値段を実現した**「エクストラファインコットンブロードシャツ」**ですが、正直これまで地味な印象のアイテムが大半でした。無地やストライプが中心で、おもしろ味のある色柄がなかったからです。

ただし最近のトレンドは装飾性。地味な無地ではなく柄物がほしい気分に移ってきています。そんな流れに応じてか、2020年あたりから「エクストラファインコットンブロードシャツ」に少し遊び心のある柄が加わっています。「チェックシャツ」「ストライプシャツ」という名称で豊富なラインナップが揃うようになっています。

定番的なブルー基調のストライプと思いきや少しヒネりがあったり、大柄の派手なチェックでもトーンを抑えていたりと、カジュアルすぎないバランスが絶妙。ちょうど良いデザインに加え、風合いも上質で、大人が着こなしやすいシャツに仕上がっています。

ただし、難点もあります。それはシルエットです。

ユニクロの低価格は大量生産することで実現しているわけですが、そのためにはたくさんの人に手に取ってもらう必要があります。

つまり、シルエットはベーシックでシンプルにしなければなりません。トレンドのビッグシルエットを提案すると、ファッションに詳しくない人に買われなくなってしまう可能性が高いので、強く提案することはないのです。

それならば、自分でサイズ選びを工夫すればOK。**実は「4XL」こそ狙い目です。**その理由は46ページの「スウェットプルパーカ」を使った検証で詳しく解説しましたが、原理は「エクストラファインコットンブロードシャツ」でも同じです。

大きいサイズを選んでリラックス感を出すと、ドレス感が緩和でき、トレンド感を演出することが可能。1分どころではなく、一瞬で変化を実感できます。まずは試着でもいいのでトライしてみてください。

ただし、サイズを上げると袖が長くなってしまうことがあります。それを解決するには、カフス部分を半分に折り返しましょう。折り返すと厚みが生まれ、手首の当たりで留まってくれて、長さが気にならなくなります。

仕上げに細かな工夫を凝らすことで、トレンドライクなシャツスタイルが完成します。

お悩み
36

ベストに挑戦したいのですが、おじさん風にならないか不安です……

NG いまいちコーデ

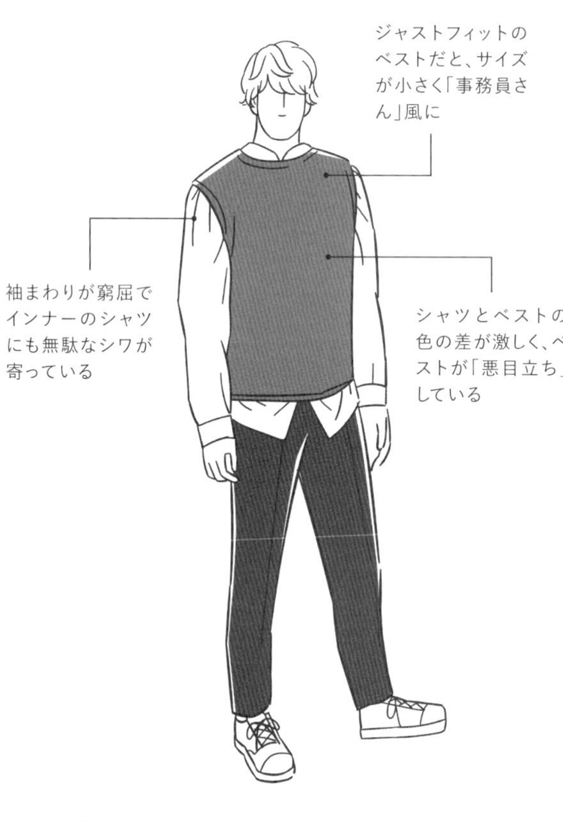

1分でおしゃれに

初心者はトップスの色に合わせればOK

おすすめコーデ

解決法

浮かない色を意識し オーバーサイズのアイテムを！

ベスト（ミドルゲージクルーネックベスト）、Tシャツ、パンツ：ユニクロ
※カラーは34ページ（36）参照

参考動画（ベスト）

Point

- □ ベストは、地味になりがちな夏のコーデにおすすめ。
- □ ベストとトップスの組み合わせは、「同系色」で問題なし。

ベストだけが悪目立ちしないように色を統一させればOK

もっとおしゃれを頑張りたいという方におすすめの着こなしになりますが、**暑い季節に重ね着するなら「ベスト」を使うのがいいでしょう。**最近は、蒸れにくいベストや自宅で洗えるベストも増えているので、夏でもコーディネートしやすくなっています。

さらに、秋に向けて買っておくという意味でもベストはマストアイテム。最近はどのブランドもベストを強化していて、これから一般層にもベストが浸透しそうな気配。早めに揃えておいて損はないでしょう。

以前に人気が出た「ジレ」はスーツで使用するタイプと大差がなかったため、少し気取った印象がありました。でも最近のベストはトレンドライクなオーバーサイズ気味の設定が多く、フォーマルのジレとは一線を画しています。嫌味な印象がなく、ベストを着慣れていない初心者でも活用しやすいはずです。

コーディネートする際のポイントは、ベストが「浮かない色使い」です。ベストはそもそも着る必要がないアイテム。フィッシングベストやダウンベストならまだしも、他のベストは優れた収納性や防寒性、機能性はほとんどありません。装飾的に着ていることが明白なのでわざとらしく映り、浮いてしまうのです。

そこで、ベストを浮かせない工夫が必要です。もっとも簡単なのは色を合わせること。他のトップスやパンツから色を拾ってリンクし、ベストだけが悪目立ちするのを防ぎましょう。これだけで着こなせるようになります。

ユニクロの「ミドルゲージクルーネックベスト」（34・193ページ参照）と「ウォッシャブルオーバーサイズVネックベスト」（36・195ページ参照）はおすすめです。どちらもセオリー通り、ベストと他のアイテムの色を統一。明るいベージュのニットを使ったコーディネートは、シンプルな白Tシャツを選べば一体感が出ます。**同色で合わせるのが難しい場合は、同系色でかまいません。**ほかのアイテムとの統一感を意識して、ベストを着こなしましょう。

ベストとパンツを一体化させ統一感を出す。
※カラーは36ページ(c)参照。

お悩み
37
夏から秋への移行期は、アウターに何を着るのが正解ですか？

いまいちコーデ

1分でおしゃれに

オーバーサイズの厚手シャツをセレクト

解決法

気軽に羽織れる【オーバーシャツジャケット】

おすすめコーデ

ジャケット（オーバーシャツジャケット）、Tシャツ、パンツ、靴：ユニクロ
※カラーは35ページ（37）参照

参考動画

Point

- □ ウールライクな生地で、防寒性も高いのが特徴。
- □ 秋ならインナーにロンTを着れば問題なし！

軽くて暖かくてざっくり羽織れる優秀すぎるアウター

ここ数年、かなり着回しているのがユニクロの「オーバーシャツジャケット」です。名作と言ってもいいほどのアイテムで、実際に愛用してみて優れていると思ったポイントをいくつか紹介します。

まず、「化学繊維なのにウールライク」で高見えします。

素材はポリエステル×レーヨンで化学繊維100%なのですが、適度な起毛感があって天然繊維が入っているように見える風合いです。2022年の秋冬コレクションで言うとグレー系とグリーン系のブロックチェックが人気なようです。

次に、化学繊維だからこそ「軽量なのに防寒性が高め」なのも魅力です。

ウールのメルトン生地などは重みもあるのですが、この「オーバーシャツジャケット」は化繊だからこそ軽い着心地。少し厚手のシャツくらいな感覚で羽織れます。その割には総裏仕上げで防寒性が高く、使い勝手が抜群です。

たとえば秋なら、インナーにロンTなどを入れれば問題なく出歩けます。本格的に寒くなっても、厚手のニットを着たり、インナーに「ウルトラライトダウン」などを入れてマフラーを巻けばぜんぜん大丈夫です。越冬も可能と考えれば、コスパ的にも優秀なアイテムと言えます。

そもそも、そんな重ね着が可能なのは「ゆとりのあるシルエット」だからです。**気軽に羽織れば今どきなリラックス感が生まれるサイズ感。**寒い時期にインナーに着こむことを考えると、トレンド的にも1サイズアップぐらいでオーバー気味に着こなすのがちょうどいい気がしますが、そこは好みに合わせて選んでみてください。

35・197ページのようにシャツ系アウターは無地だけでなくチェック柄も定番ですが、柄物はカジュアルな印象なので、ドレスライクなアイテムを合わせてシンプルにまとめるとバランス良く着こなせます。パンツはスラックスを選んでみるのはいかがでしょうか。

ユニクロの「オーバーシャツジャケット(GRAY)」。

お悩み
38
オンでもオフでも使えるシンプルなコートを探しています

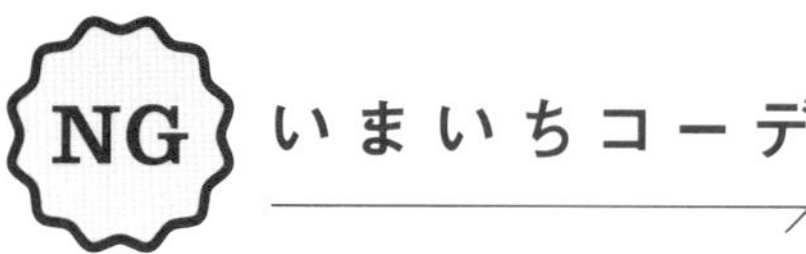

1分でおしゃれに

細身のコートは避けましょう

解決法

シルエットのバランスが絶妙な【シングルブレストコート】

おすすめコーデ

コート（シングルブレストコート）、パンツ：ユニクロ／靴：GU
※カラーは35ページ（38）参照

参考動画

Point

□ 化学繊維100%なのに、見た目はウールそのもの。
□ オフ使いがメインなら1サイズアップを！

「ユルすぎず細すぎず」の絶妙なバランスのシルエット

1万円以下という価格も含め、これだけバランスが優れているコートはなかなかありません。**ユニクロの「シングルブレストコート」のことです。**

まずは「生地のバランス」が抜群です。天然素材が1％も入っていないのに、見た目は完全にウール。かなりリアルで、触り心地もウールが入っていると思えるほどです。

原則として生地は、「美しさ」と「合理性」がトレードオフの関係。天然素材には美しいツヤ感や自然な風合いなどがありますが、化学繊維のほうが合理的で機能性や耐久性などに秀でています。

そのバランスを取るのに苦心しているわけですが、このコートの生地はそうしたトレードオフの関係を超越。**ウールライクな風合いで高級感がありながら、シワが入らず型崩れしづらい機能性も併せ持っています。**

次に「シルエットのバランス」も絶妙です。いかにもユニクロらしい最適解なのですが、**ユルすぎず細すぎないバランスのシルエットに仕上がっています。**

基本的にシルエットは「オンが細め」で「オフが太め」。スーツに合わせるコートはスリムなほど品良くまとまります。一方、普段着はオーバーサイズ気味のシルエットが主流。ここ15年くらいでシルエットに対する考え方がかなり変化し、好み、趣向、年代に関係なくリラックスフィットがスタンダードになっています。

つまり、スーツに合う細身のコートは普段着としては使えません。そんな状況のなか、どちらでも使えるバランスに仕上げているのはさすがユニクロ。少し大きめですが、やりすぎていないので二刀流が可能です。

ただし、オフで使うことが多いなら1サイズアップ、オンがメインならジャストサイズがおすすめ。私も普段よりサイズを1つ上げてXLを選んでいます。

オフでコートを使う場合、インナーにニット、パンツはスラックスで革靴を履いて、となるとスーツっぽく「キメた」印象になってしまうのが気になります。そんなときは、スラックスを裾に少しクッションが出るくらいの長さで穿くとカジュアルさが出て、オフスタイルに適したバランスで着こなせます。

また、あえて「黒をなくす」ワザもあります。スラックス（黒）をネイビーやグレーに変えれば、カジュアルさが出てよりオフスタイルになじむでしょう。

冬のコートの着こなしは基本の「Y」ラインシルエットを理解する

体型がキレイに見えるシルエットの基本形を意識すると、冬のコートスタイルもおしゃれになります。「Y」「I」「A」ラインというように、アルファベットの形状がシルエットを表しています。

「Yライン」は、上半身が太く、下半身が細いシルエット。
「Iライン」は、上半身が細く、下半身も細いシルエット。
「Aライン」は、上半身が細く、下半身が太いシルエット。

冬のコート類は上半身のボリュームが大きくなるため、「Yライン」にするのが必然。

下半身の見えている部分を細くすっきりすることができると、コートで隠れている部分も同じようにすっきりしているだろうと脳内補完が働きます。その結果、体型の印象がより良くなるというロジックです。

ロングコートを着ている場合は、下半身というよりもコートから出ている「足元部分」をすっきりまとめることが重要。そのためには2つのポイントを意識しましょう。

1つは、パンツの裾にシワやクッションが入らないように長さを整えること。足元をすっきり見せます。もう1つは、パンツと靴を同じ色で合わせること。パンツと靴を色によって一体化させると脚が長く見え、スマートに映るからです。

ここまで紹介したのは何度も繰り返しているテクニックですが、基本を守るだけでコートスタイルがスタイリッシュに洗練されます。そして、ここからは応用編です。

冬用の着丈が長いコートは、体の大半を覆うため、地味な印象になってしまいがちです。**それを打破したい場合は、パンツに「色味」を入れてみてください。**

メンズのパンツは黒の無地が圧倒的に人気です。**だからこそ、パンツを黒ではない色にすることで、印象が大きく変わります。**明るいカラーを選ぶと、印象が軽くなって差別化できるのでおすすめです（明るいトーンは膨張して見えるので、足元をすっきりさせるためのポイント2つを守りましょう）。

パンツを明るい茶色にすることで地味さを一気に払拭。
※カラーは36ページ（d）参照

おわりに

MBとしてメンズファッションを語るようになり早10年が経ちました。

ファッションとはトレンドでできています。トレンドなきファッションはファッションではありません。

1980年代の写真を見ればどこか古臭いのがわかるし、「1990年代の懐かしのドラマ特集」などを見れば出てくる人の服装に何か違和感を覚えるもの。

「カッコいい」という価値観は常にアップデートされているのでトレンドを無視して服を語るわけにはいきません。

洋服屋さんは「これさえ着てればおしゃれ」と喧伝するのが大好きです。そうすると消費者は喜ぶからですね。お金の節約になるし答えを得たような気になるからです。

しかし残念ながらそれは嘘です。

論理的に考えれば明白ですが、カッコいいスタイルは時間の経過とともに真似され広がっていくので、価値が下がっていきます。

おしゃれとはその他大勢と区別されなければ評価の対象にならないので、「マスに広がったら価値がなくなる」もの。

ファッションに限らずあらゆるものがそうでしょうけれど「永久不滅の価値」を持つものなどこの世に存在しないのです。騙されてはいけません。

私はほかに何の取り柄もない人間ですが、ファッションのことだけは自信があります。

20年以上パリ・ミラノのコレクションを追いかけ歴史を学び体系化しています。ファッションの勉強にかけた時間はおそらく日本で10位以内に入るくらいじゃないかなと思います。

寝ても覚めてもずっとコレクションを見て服を見て行き交う人々の服装を見て、それをノートにまとめてきました。ほかに価値のない私ですが、唯一社会に貢献できるのは「ファッションの知見を広めること」だと思って生きています。

だからこそ、皆さんにとって耳が痛いこともちゃんと伝えたい。おしゃれは勉強していないとなれないものです。

この本を買ったからと言って永久不滅のおしゃれにはなれません。もちろん今日この瞬間、コーディネートは組めるようになるでしょうが、これが5年後10年後も価値を維持できるわけではありません。

もし本書を読んで興味が出たのならば、月に1日でもいいので服を見に行く時間をつくってみてください。

たかが布と糸からできる服、いち文化でしかない他愛のないものだとも思います。

しかしながら人類数千年の歴史の中で（たとえば「シャツ」の原型はギリシャ時代に完成されていたり）積み上げた追求しがいのある「パズルゲーム」みたいなものです。一度ハマるとやめられない中毒性のあるものです。

本書を読み、きっかけとなり、また1人「服の沼」にハマった人が出てきてくれたらこれ以上嬉しいことはありません。そのために私は仕事をしています。

数百円でも手に入る格安品が出てきて、インスタで簡単にコーディネートを検索できることから、何かとファッションが手軽に消費されがちですが、本書をきっかけにその深淵に触れる人が1人でも出てきてくれたらと願っています。

最後に関係者の皆さん、いつも応援してくださる読者さん・フォロワーさん、本書を手にとってくださった皆さん、そしていつも支えてくれる私の愛すべき家族への感謝を述べて終わりの言葉とさせてください。本当にありがとうございます。

またお会いしましょう。

MB

ブックデザイン／上坊菜々子
イラスト（おすすめコーデ）／縞野やえ
イラスト（いまいちコーデ）／emico（SUGAR）
構成／平格彦
撮影／岡戸雅樹
DTP／アレックス
校正／東京出版サービスセンター

MB えむびー

ファッションプロデューサー／ファッションインフルエンサー／ファッションバイヤー／ファッションアドバイザー／メンズファッションブロガー
2012年12月にウェブサイト「現役メンズバイヤーが伝えるオシャレになる方法Knower Mag」を開設。2014年よりメルマガ「最も早くオシャレになる方法」の配信を始め、2016年にまぐまぐメルマガ総合大賞1位を受賞。不明瞭だった男性のおしゃれについて、視覚効果や印象論などをもとにロジカルに解説。メンズファッション指南の第一人者に。
『最速でおしゃれに見せる方法』（扶桑社）、『ほぼユニクロで男のおしゃれはうまくいく スタメン25着で着まわす毎日コーディネート塾』（集英社）、『世界一簡単なスーツ選びの法則』（ポプラ社）、『MBの偏愛ブランド図鑑』（扶桑社）などのメンズファッション書籍、監修漫画『服を着るならこんなふうに』も含め、関連書籍の売上は累計200万部を突破。
YouTube「MBチャンネル」の登録者数は40万人超。

1分でおしゃれ

2023年2月13日　第1刷発行

著　者　　MB

発行者　　千葉 均
編　集　　村上峻亮
発行所　　株式会社ポプラ社
〒102-8519　東京都千代田区麹町4-2-6
一般書ホームページ　www.webasta.jp

印刷・製本 大日本印刷株式会社

N.D.C. 914／207P／19cm　ISBN 978-4-591-17324-4

P8008378